100 motius per ser del Barça

• *Col·lecció De Cent en Cent* — 9 •

100 motius per ser del Barça

(i no ser del Madrid)

Andreu González Castro
Armando Luigi Castañeda

Cossetània
EDICIONS

Primera edició: març de 2010
Segona edició: abril de 2010

Edita: Cossetània Edicions
C/ de la Violeta, 6 • 43800 Valls
Tel. 977 60 25 91
Fax 977 61 43 57
cossetania@cossetania.com
www.cossetania.com

Disseny i composició: Imatge-9, SL

Impressió: Romanyà-Valls, SA

ISBN: 978-84-9791-661-5

Dipòsit legal: B-15.841-2010

ÍNDEX

INTRODUCCIÓ

Cada cop que li hem dit a algú que estàvem escrivint un llibre titulat *100 motius per ser del Barça*, ens ha fet la mateixa ganyota d'estranyesa i, com si li haguéssim accionat un ressort, ens ha dirigit la mateixa pregunta: "Només cent?". És veritat: tal vegada hem fet curt, però els llibres s'han d'acabar en algun moment, s'hi ha de posar el punt final i 100 sembla una xifra prou rodona.

Primer de tot cal aclarir que aquest no és un llibre tan circumstancial com pugui semblar a primer cop d'ull, sorgit a l'escalf del millor Barça de tots els temps, a rebuf del Barça de les 6 Copes. La idea de portar-lo a terme és contemporània de la consecució de la Lliga de Campions de l'era de Frank Rijkaard, l'any 2006. La primera idea era escriure'l entre quatre amics. Per diverses raons, només dos hem tirat endavant el projecte, però estarem infinitament agraïts al Luis F. Zaurín i al Juan Pablo Caja per les seves aportacions a l'escriptura d'aquesta obra que tens entre les mans. *Cent motius per ser del Barça* és, sobretot, el resultat de la complicitat literària d'un grup d'amics que el 2009, l'*annus mirabilis* del barcelonisme, van enllestir aquesta sèrie d'articles divulgatius que havien començat a escriure força temps abans.

El llibre va néixer com una mena d'argumentari d'urgència, útil per reforçar l'autoestima del barcelonisme tot proporcionant-li dades útils en suport de la idea que el FC Barcelona és el millor club del món. Aquesta idea inicial va evolucionar i vam decidir barrejar l'asèpsia científica amb una bona dosi de dades curioses sobre l'entorn blaugrana que actualitzen el lema ara universalment acceptat que "el Barça és més que un club". Un lema que s'explica per noms i moments estel·lars del barcelonisme de presència obligada en aquestes pàgines: el 2-6 al Bernabéu, el Guindi aplaudint Ronaldinho al coliseu madridista, el Jordi Culer, Nuñito de la Calzada, Crackòvia, les Lligues de Tenerife, el gol d'Iniesta a Stamford Bridge, Guardiola i el Pep Team, Messi, Laporta...

Ens agradaria que sabessis que nosaltres no som uns fanàtics de l'esport rei, sinó barcelonistes de base. No som socis del club, no veiem tots i cada un dels partits dels blaugranes, no som amics de cap dels jugadors ni de membres de la junta directiva. És més, fa molts anys un de nosaltres es va creuar amb Romário per la Diagonal i va dir neutrament al grup d'amics amb què caminava: "Mireu, el Romário". De seguida, un d'ells va córrer com un esperitat cap a l'astre brasiler per demanar-li un autògraf. Al cap de pocs segons, un estol de seguidors s'havien abraonat sobre el *Baixinho*. El cas és que no vam aconseguir cap gargot sobre paper d'aquell dia i tampoc no ens fa res. No ens encega la mitomania, perquè perseguim més aviat posar sobre la taula veritats que no necessiten demostració, evidències que cauen pel seu propi pes.

Confiem que els següents capítols et serveixin per assaborir novament les glòries de 2009, però també de tota una història centenària plena de moments d'èpica i resistència, d'èxits i humiliacions. Força Barça!

01 / 100

EL MILLOR CLUB DE LA HISTÒRIA DES QUE LES ESTADÍSTIQUES SÓN FIABLES

La Classificació Històrica del Rànquing Mundial de Clubs és una llista dels 345 millors clubs de futbol de la història elaborada per la IFFHS (sigles angleses de la Federació Internacional d'Història i Estadístiques del Futbol, creada a Leipzig el 1984). Aquest rànquing té en compte tots els resultats de Lliga i Copa així com les competicions de clubs de les sis confederacions continentals i de la FIFA des de l'1 de gener de 1991.

La pàgina web de la dita federació és concloent pel que fa al període que va entre 1872 i 1990: tot aquell temps "només pot valorar-se subjectivament, principalment perquè es prenen els campions nacionals i internacionals per establir-hi les referències. D'això es dedueix que els equips que només disputen una competició no poden valorar-se, bé perquè van aconseguir el seu títol amb facilitat o bé malgrat que van patir nombroses derrotes. Simplement no es poden establir unes bases per igualar les opcions de tots els clubs participants durant el període entre 1872 i 1990".

Tenint en compte les dades entre l'1 de gener de 1991 i el 31 de desembre de 2008, que és el període fiable, el millor club del món és el FC Barcelona amb 757 punts. I això sense comptabilitzar el triplet de 2009! En segon lloc hi ha el Manchester United FC amb 678, en tercer lloc el Juventus FC amb 621 i en quart lloc l'AC Milan amb 611. Només enfonsat a la cinquena plaça hi trobem el Reial Madrid CF, que suma 605 punts. La llista dels 25 il·lustres la completen ara com ara els següents clubs: 6è, FC Inter de Milà (567); 7è, FC Bayern de Munic (563); 8è, Arsenal FC (550); 9è, CA River Plate (502); 10è, Chelsea FC 442 ; 11è, Liverpool FC (435); 12è, FC do Porto (425);

13è, CA Boca Juniors (420); 14è, AS Roma (405); 15è, AFC Ajax (400); 16è, Parma FC (373); 17è, São Paulo FC (367); 18è, València CF (367); 19è, Glasgow Rangers FC (364); 20è, SS Lazio (342); 21è, Club Atlètic de Madrid (319); 22è, Olympique Lyonnais (308); 23è, BV Borussia Dortmund (285); 24è, París Saint-Germain FC (284); 25è, FC Spartak de Moscou.

En fi, que es tracta d'una classificació actualitzada, internacional, independent, no d'una història de velles glòries ni d'una exhibició dels gustos de l'*As* o del *Marca*. Aquest fet pot coure els madridistes, molestos amb allò del blanc i negre de gran part de les seves Copes d'Europa (pels colors de les imatges dels televisors i pel negre dels àrbitres). Mig segle més tard, quan en van obtenir tres entre el 1996 i el 2000, van aplegar forces i van començar amb l'autopropaganda que eren el millor club del segle XX i de la galàxia. Però la Classificació Històrica del Rànquing Mundial de Clubs, més enllà de les discussions de taulell de bar, deixa ben clar quin és a hores d'ara el millor equip del món.

02 / 100

L'EQUIP MÉS ANTIC DE LA LLIGA (O GAIREBÉ)

Amb l'excepció del Recreativo de Huelva, que es va fundar el 1889 i que està considerat el degà del futbol a l'Estat, el Barça és l'equip més antic de la Lliga. En una primera assemblea que es va celebrar en un gimnàs i a la qual van assistir els suïssos Hans Gamper i Otto Kunzle; els anglesos Walter Wild, John i William Parsons; l'alemany Otto Maier i els catalans Lluís d'Ossó, Bartomeu Terradas, Enric Ducal, Pere Cabot, Carles Pujol i Josep Llobet (els dotze apòstols del barcelonisme), el 20 de novembre de 1899, veia la llum el Foot-Ball Club Barcelona-1899, o sigui, el Barça. I la veritat és que no cal més que conèixer una mica la història del futbol i, sobretot, la dels clubs més antics del món, per a adonar-se que, també en aquest esport, l'experiència és un grau.

Un exemple d'això és el Sheffield, club anglès nascut en 1855, cosa que el converteix en el més antic del món. Aquest equip britànic va unificar les regles del futbol donant lloc a les que després van ser anomenades "Regles del Club de Sheffield", pas que va resultar decisiu per reglamentar l'esport de la pilota. El Sheffield —a més— va inventar el travesser de fusta, el córner i les faltes. Es pot demanar més?

Un altre bon exemple seria l'Olympique Lyonnais, que el 10 de març de 2010 va eliminar a vuitens el Reial Madrid de CR9 i Florentino Pérez de la Lliga de Campions. El club francès va veure la llum primer com a club de rugbi i el 1899 va convertir-se en un equip de futbol, el més antic de França. Un equip que el 2007 va aconseguir, atenció, el sisè títol consecutiu de campió de França.

Tornant a la península Ibèrica, l'equip més antic de Portugal, el Coïmbra, nascut el 1876, va ser en primera instància una associació esportiva d'estudiants, club que va integrar en el seu si entitats de gran tradició com el Clube Atlético de Coimbra, fundat el 1861 i l'Academia Dramática, nascuda ni més ni menys que el 1837.

Novament a l'Estat espanyol, i a manera de reflexió final, és cert que ser l'equip més antic de la Lliga entre els grans no és en si garantia de res, però si això va acompanyat de la tradició i dels triomfs (també a Europa) del club blaugrana, la dada pren més relleu. I més encara si es té en compte que quan el Reial Madrid va néixer —el 6 de març de 1902— el Barça ja havia guanyat un bon nombre de partits i havia marcat un nombre de gols encara més important.

03 / 100

EL BARÇA ÉS L'ÚNIC CLUB DE L'ESTAT QUE TÉ ELS TRES TROFEUS MÉS IMPORTANTS D'EUROPA

A pesar del Reial Madrid i de les seves Copes d'Europa, quasi totes guanyades fa massa temps, l'únic equip estatal que ha guanyat els tres trofeus més importants de futbol del continent és el Barça. Els títols són la Copa d'Europa, la Copa de Fires/UEFA i la Recopa d'Europa, competició aquesta última que el Barça ha guanyat en quatre ocasions i que el Reial Madrid mai no va arribar a obtenir.

La trajectòria del Barça a Europa és, com sabem, la més llarga i extensa de tots els equips de la Lliga, ja que el blaugrana és l'únic equip que, des que hi ha competicions europees, sempre les ha disputades. Així, per tradició, per victòries i per haver guanyat les tres competicions més importants, podem dir que el Barça és més europeu que el Reial Madrid.

La història del Barça i la Copa de Fires, que va obtenir en tres ocasions, es resumeix a haver guanyat el trofeu el 1958, el 1960 i el 1966. Primer contra la Selecció de Londres, el 1958, empatant a 2 a la capital anglesa i endossant-li un 6-2 al Camp Nou. Després, el 1960, davant el Birmingham: va empatar a zero fora i li va endossar un 4-1 a casa. Finalment, el 1966, davant el Saragossa, contra el qual va perdre a casa per 0-1 i a qui, a domicili, li va fer un 2-4.

Les gestes glorioses del Barça a la Recopa, trofeu amb el qual s'ha fet en quatre ocasions (1979, 1982, 1989 i 1997), tenen a veure amb guanyar-la davant equips com el Fortuna de Düsseldorf, Standard de Lieja, el Sampdoria i el París Saint Germain. Potser una de les que millor sabor de boca va deixar va ser la primera. A la final, *Charly* Rexach va fallar un penal a la pròrroga, Migueli va jugar amb la clavícula immobilitzada i Krankl, després que la seva dona patís un accident de trànsit.

La història del Barça a la Champions League, com es denomina la Lliga de Campions de la UEFA des de 1992, té tres moments àlgids en tres finals gravades a foc a la memòria del barcelonisme: 1991-92, a l'estadi de Wembley (Londres), li va guanyar el trofeu a la Sampdoria per 1 a 0; 2005-06, quan la va obtenir davant l'Arsenal FC (a l'Stade de France de Saint-Denis, París) i 2008-09, a l'estadi Olímpic de Roma. Londres, París i Roma, el triangle màgic del barcelonisme.

El millor de cadascuna d'aquestes finals són els gols de Koeman al minut 111 davant la Samp, els gols de Samuel Eto'o i Belletti davant l'Arsenal, i novament Eto'o i Messi davant el Manchester d'un Cristiano Ronaldo a qui Puyol va treure de polleguera.

04 / 100

TENIM MÉS COPES D'EUROPA

Encara que a vegades pot semblar que no sigui així, no només de futbol viuen els homes (i les dones). També hi ha el bàsquet, l'handbol, l'hoquei patins i altres modalitats esportives que, al costat de l'esport rei, han omplert les vitrines blaugranes de trofeus. I el Barça en té una pila, tot sigui dit. Si posem els ulls en el màxim guardó continental per a clubs, la institució catalana n'aplega un tou: 3 de futbol, 1 de bàsquet, 7 d'handbol i 18 d'hoquei patins. Fent números, en surten 29. El Madrid en té 9 de futbol i 8 de bàsquet. No està pas malament, però de 29 a 17 en van 12, si no ens fallen les matemàtiques. Així doncs, que el Barça és un equip força més exitós a Europa són faves comptades. Aquesta suma és encara més important si es té en compte quantes n'ha obtingut al segle XXI: 7 d'hoquei, 2 de futbol, 1 de bàsquet i 1 d'handbol. I el Madrid? Doncs només una, ja que el segle XXI va començar el 2001.

El Barça no només és més que un club, com proclama la segona graderia de l'estadi, amb butaques grogues sobre fons blau. És també més que una secció. I a la Copa d'Europa, on un equip se la juga, on un equip es projecta més enllà de les fronteres de l'Estat, a la competició que realment importa perquè és un dels aparadors esportius que concentren més mirades, és on el FC Barcelona ha donat sempre el do de pit. Només qui sigui tan obtús com per considerar l'handbol o l'hoquei una mena de ventafocs esportives serà incapaç de veure la primacia blaugrana al vell continent.

Considerant el global de tots els esports que practica o ha practicat, el Barça només té un competidor digne: l'Sporting Clube de Portugal (que alguns anomenen incorrectament de Lisboa). L'equip que va formar Luis Figo, Cristiano Ronaldo o Ricardo Quaresma és el primer del món en medalles guanyades pels seus atletes als Jocs Olímpics i el segon club amb més títols, però el primer és el Barça.

La propaganda madridista s'ha encarregat d'enterbolir aquestes xifres i confondre el personal amb aquelles absurdes fatxenderies de "la sétima", "la octava", "la novena"... No t'arronsis davant d'aquesta èpica triomfal. Simplement recorda als desmemoriats que les matemàtiques són infal·libles. Que vagin comptant, tu, si és que en saben! Fins a 27, encara n'hauran d'arreplegar algunes quantes més. Que n'aprenguin!

05 / 100

TRICAMPIONS

El Barça de la temporada 2008-09 ha aconseguit una fita que pocs equips tenen a l'abast: el triplet de Copa, Lliga i Champions. A Europa, només quatre: el Celtic de Glasgow (1967), l'Ajax d'Amsterdam (1972), el PSV Eindhoven (1988) i el Manchester United (1999). Com a dada curiosa, cal dir que en aquell Ajax hi jugava el factòtum Johan Cruyff i que al PSV tricampió també hi militava un vell conegut de l'afició blaugrana, Ronald Koeman, l'heroi de Wembley.

De nacions sense Estat, només el Celtic de Glasgow l'havia aconseguit l'any 1967. Aquell equip tenia, a més, la característica que tots els seus jugadors eren nascuts en un radi màxim de 50 quilòmetres del centre de Glasgow.

Fins al triplet, el que sí que tenia la secció de futbol eren un parell de doblets. Fins a l'any 2009, el Barça havia aconseguit els doblets de Copa d'Europa i Lliga amb Cruyff (1991-92) i Rijkaard (2005-06).

De totes maneres, és de justícia dir que el de 2008-09 és el primer triplet barcelonista pel que fa a l'equip de futbol, però el 13è en la història de l'entitat. Els jugadors d'hoquei patins han aconseguit la gesta ni més ni menys que vuit vegades, tres els d'handbol i una els de basquetbol. El cas de l'hoquei és significatiu d'aquest particular "a mi me'n donaven tres" en l'àmbit del barcelonisme. Tots els entrenadors de l'hoquei blaugrana dels últims sis lustres hi tenen la mà trencada i han sumat vuit triplets en trenta anys, des de la temporada 1976-77 fins a la 2006-07. Pel que fa a l'handbol, Valero Rivera va sumar tres triplets, les temporades 1996-97, 1997-98 i 1999-00. Temps després, la secció de bàsquet va fer-ne un altre l'any de l'única Eurolliga que s'ha adjudicat, amb Pesic a la banqueta (2002-03). D'aquesta manera van fer justícia als històrics Epi, Solozábal, Norris i tants altres que es van quedar força vegades a les portes de guanyar la màxima competició europea de clubs. Així doncs, la secció de futbol ha estat l'última a sumar-se a la dominació abassegadora de tres competicions tan diferents com són la de la regularitat, la del KO i la internacional europea de clubs.

Un diari de Madrid, el *Marca*, fantasiejava a l'estiu de 2009 amb la possibilitat del triplet per als blancs: "El triplete es posible." Sí, i les vaques volen, si ho diu *La Vanguardia*. És clar que era possible, però no gaire probable: n'hi ha un a cada dècada i ells encara no l'han guanyat mai. Que la premsa esportiva de les Espanyes segueixi encimbellant aquesta nova fornada de galàctics, mentre els madridistes s'entesten a col·locar Alcorcón al mapa.

06 / 100

EL QUADRUPLET

En un món obsessionat per l'èxit sense que importi com s'aconsegueix, on qualsevol fi justifica els mitjans, el respecte per les normes sembla una mica ridícul, per contraproduent. Ara bé: si no se segueixen els acords mínims, si les regles del joc són constantment violades sense que es generin responsabilitats, s'imposa l'anarquia, la llei de la selva, i tot el sistema s'ensorra (la crisi financera que ha dut a la recessió actual n'és un exemple que sembla tret d'un llibret d'economia bàsica).

Tot això parteix d'una idea derivada del món dels negocis: triomfen els que satisfan els seus interessos egoistes per sobre dels interessos aliens, qui acapara una quota de mercat desplaçant la competència. Però aquesta idea és molt menys certa del que sembla, sobretot quan es treu del seu context de lliure mercat en esterilitzades hipòtesi de manuals d'economia. Paga la pena destacar casos que mostren justament el contrari, i una altra vegada és el Barça que ens pot ajudar.

La temporada 2008-09 el Barça ha guanyat un quart títol (a més de la Supercopa d'Espanya i d'Europa) que, vist amb els ulls de la crisi actual, no és menys important que els altres tres: ha rebut el premi Joc Net de la Primera Divisió.

Sembla increïble, oi? Resulta que l'equip victoriós, aquest que ha fet història acumulant tres copes impressionants en una temporada, ho aconsegueix, a més, respectant les normes del joc millor que qualsevol altre. És possible una demostració més contundent que per guanyar no cal passar per sobre de les regles?

Tenint en compte el context actual aquesta notícia hauria d'haver ocupat la primera pàgina de la premsa i haver generat estudis conscienciosos per posar en evidència aquesta fórmula d'èxit ètic; malauradament, com que contradiu el model que els grups de poder intenten imposar, la notícia ha passat més aviat desapercebuda. En canvi, el rècord de diners pagats per un jugador (el Reial Madrid amb Cristiano Ronaldo) sí que ha estat notícia durant diversos dies i encara se'n parla. Per què? No ho sabem, però pot ser que la resposta es trobi a Madrid, i no precisament en un club de futbol.

07 / 100

EL QUINTUPLET

Un altre títol obtingut pel Barça la temporada 2008-09: equip de futbol amb major nombre d'aparicions als mitjans, a nivell mundial. Això, en un esport/espectacle com el futbol de clubs professionals de l'actualitat, es podria dir que val tant o més que el mateix triplet (almenys, és un dels principals beneficis que es persegueix amb les copes).

Segons un estudi de la Universitat de Navarra, el Barça apareix als mitjans unes 86 vegades més que la mitjana d'equips (un xic més que el Manchester United); en el cas del Reial Madrid, en canvi, aquest nombre d'aparicions es rebaixa fins a un magre 48 vegades més que la mitjana. Segons el mateix estudi, aquest lideratge mundial, que per primera vegada arriba a l'equip blaugrana, és degut a "l'acumulació d'estrelles futbolístiques, d'èxits esportius i d'espectacle futbolístic", o sigui, totes elles activitats relacionades amb l'esport. Els equips de futbol no es fan realment notoris per tenir jugadors que semblen models; en tot cas, són els mateixos jugadors que es fan notoris per semblar-ho, però un club no hauria d'aspirar a alimentar-se de les revistes del cor. Que alguns equips, com el Reial Madrid, vulguin explotar el costat *people* del futbol, més que l'esportiu, no és només un assumpte anecdòtic, sinó que pot amenaçar seriosament l'activitat.

Fem un paral·lelisme amb un esport que ha mort, pràcticament, per culpa de l'explotació comercial: la boxa. Encara que als inicis va tenir un caràcter gairebé aristocràtic, la boxa aviat es va convertir en un esport de barri baix, dur i exigent. Les grans figures de la boxa van venir totes d'estrats marginals. Des dels temps de Rocky Marciano, boxejar era ficar-hi cor, cap i cos a l'esport, amb l'esperança que algun dia es podria fer el salt a l'estrellat. Això va dur a casos curiosos, per exemple, Muhammad Ali, que va anar més enllà, no tant pel seu indubtable talent esportiu, sinó pel seu valor com a figura pública. Mentre va ser campió dels pesos pesants es va oposar a la guerra de Vietnam (cosa que li va costar perdre el títol mundial), va lluitar pels drets dels negres, va mantenir coherentment una posició ètica i es va convertir en exemple per a molts joves de la seva generació (podria dir-se que als 60 va haver-hi un Papa lliurepensador i un campió de boxa filòsof). Ali va estar als televisors del món sencer i, gràcies a ell, la boxa va ser, per un temps, un esport gairebé respectable. Llàstima que després els inversionistes es van encarregar de destarotar-ho tot. Avui dia, la distància que hi ha entre la boxa i la lluita lliure (aquesta de les màscares) no sembla gaire gran, i en els combats pel títol mundial és difícil pensar que no hi ha tripijocs i negocis falsejats. En resum, l'esport va donar pas a l'espectacle i poc després va morir (o va entrar en coma, podria dir-se).

És una lliçó important, perquè quan anem a presenciar una competició esportiva el que ens manté atents és saber qui la guanyarà; i esperem que qui guanyi ho faci per mèrits esportius, no per arranjaments entre bastidors. Si un equip es maneja com un circ, el més probable és que el costat esportiu passi a segon pla, explotant-se'n només el que és "espectacular". Aquesta potser és la política del Reial Madrid, però no és en absolut la del Barça.

08 / 100

NOSALTRES VAM GUANYAR LA PRIMERA LLIGA

Sap greu, però ningú no se'n recorda dels segons a fer una cosa. Tothom sap que els primers a fer el cim a l'Everest van ser el neozelandès sir Edmund Hillary i el xerpa Tenzing Norgay l'any 1953. Molt bé. I després? Qui van ser els que van arribar en segon lloc al punt més alt sobre l'escorça terrestre? Poques vegades els segons són recordats, només quan hi ajuda l'èpica, com en el cas dels conqueridors de l'Antàrtida. I és que pràcticament són més recordats els anglesos que van morir en l'intent d'arribar al Pol Sud (Scott, Wilson, Bowers, Oates i Evans hi van arribar, però no en van tornar vius) que l'expedició noruega de Roald Amundsen, que se'ls havia avançat un mes (els noruecs havien assolit el seu objectiu el desembre de 1911). Els anglesos, com a consol de perdedors, van tenir la sort que Mecano els va immortalitzar —és una manera de parlar— en una cançó de *Descanso Dominical*, el disc del 1988 amb què van tocar sostre.

Però anem al futbol. La primera Lliga, disputada la temporada 1928-1929, es presentava a l'última jornada amb un frec a frec entre madridistes i barcelonistes. Com una arribada a meta ajustada en una cursa de cavalls, l'equip de la capital del regne treia un cap d'avantatge als de Barcelona. Dos punts: 25 els blancs i 23 els blaugranes, en un moment en què només hi havia 18 jornades. Què va passar aleshores? Platko, Samitier (l'Home Llagosta) i companyia van rematar la feina de manera brillant contra un perillós Real UC Irún (4-1), mentre que el Madrid va sortir cua entre cames del duel a la catedral contra el Bilbao (2-0). És la història de sempre: ensopegada del Madrid, el Barça que guanya el seu partit i la primera Lliga al sarró.

Això de guanyar la Lliga a l'última jornada és una tradició nostrada a la qual no podem fallar. Només qui ho ha viscut sap el delit que se sent quan s'arrabassa el trofeu de les mans de qui ja se sent campió. Potser és que al Madrid, quan encara Valdano no era ni un zigot, ja li podia la por escènica, la por a guanyar quan es té tot de cara.

Els primmirats de torn podrien portar a col·lació el fet que el Madrid, fet i fet, ha guanyat més lligues que el Barça, així que tant és qui en va guanyar la primera. El raonament és cert si només atenem a la freda estadística: 19 lligues per al Barça i 31 per al Madrid. Ara bé, que si restem totes les lligues aconseguides pel Reial Madrid de manera fraudulenta, el Madrid en tindria moltes menys, unes 12 a tot estirar. És clar que si un s'informa a *www.realmadridfans.org* o webs partidistes per l'estil no hi trobarà ni rastre d'aquesta realitat, però els fets són tossuts. Un informe de 2009 elaborat pel grup Un Crit Valent argumenta les ingerències polítiques que van beneficiar els blancs des dels 50 fins a ben entrats els 80. El grup, encapçalat per l'advocat Jordi Medina, demostra amb dades que el Barça ho va tenir magre per culpa de la política, l'economia i els arbitratges adversos. L'any 1953, es pren Di Stéfano al Barcelona gràcies a maniobres il·legals patrocinades per les autoritats franquistes. Amb ell, el Madrid va guanyar 8 campionats d'11 possibles. Pel que fa a l'economia, les autoritats franquistes van trigar 5 anys a requalificar els terrenys de les Corts. Però a més hi ha els arbitratges. Mentre José Plaza va presidir el Colegio Nacional de Árbitros, el Reial Madrid va guanyar 11 Lligues i l'Atlètic de Madrid, dues. El Barça, cap. En tot aquest període, el saldo de penals del Madrid era +35; el del FC Barcelona, +1. Fem números i, pel que fa a la Lliga, la trajectòria dels blancs és més per avergonyir-se'n que per vanagloriar-se'n.

En resum, que el Barça va guanyar la primera Lliga, que és qui n'ha guanyat més de manera merescuda i que és ben veritat allò que qui pega primer pega dos cops.

09 / 100

TENERIFE: UNA FLOR AL CUL?

Hi ha qui diu que el Barça de Johan Cruyff va ser un equip amb la flor al cul perquè va guanyar dues lligues a l'última jornada gràcies als *regals* a Tenerife del Reial Madrid de Paco Buyo, Chendo, Míchel i companyia. Com si una Lliga fos una ampolla de licor de plàtan. En realitat, en una competició que premia la regularitat, qui acaba primer és qui ha guanyat. Així de senzill. Així de difícil de pair per als seguidors de l'etern rival.

A banda d'això, cal reconèixer que l'equip illenc ha estat un aliat lleial del conjunt barcelonista. Amb Jorge Valdano a la banqueta, les temporades 91-92 i 92-93 van ser les de l'"Amics per sempre" de Los Manolos dedicades per l'afecció culé a la *chicharrera*. Que un exjugador madridista, després entrenador del club blanc i director esportiu de l'entitat per dos cops, fes tant per l'engrandiment de la llegenda barcelonista afegeix morbositat a l'assumpte. I és que guanyar la Lliga de carrer la temporada 90-91 omple de satisfacció, però guanyar-la dues vegades contra el Madrid a l'última jornada no té preu.

La primera Lliga que Cruyff va portar a les vitrines blaugranes com a entrenador, el Barça va ser una piconadora. Va agafar el liderat a la segona jornada i no el va cedir ni una de sola. Uns estrangers determinants (Stòitxkov, Koeman, Laudrup); un estol de bascos (Begiristain, Zubizarreta, Salinas, López Rekarte, Alexanco), els del planter (Soler, Guardiola, Ferrer) i una colla de bons jugadors van començar a escriure les pàgines d'un mite.

Però les cireretes del pastís van venir les dues temporades següents. La 91-92 el Madrid havia estat líder des de la jornada 7 fins a la 37. Només en quedava una. Un últim esforç i els madridistes ja podrien dir que allò del joc vistós dels blaugranes era una quimera, que voler jugar com la Taronja Mecànica era una utopia, etc. Es pensaven que l'últim escull que havien de salvar era un equipet de nyigui-nyogui. No sabien que se les haurien contra l'empenta de Dertycia, àlies Mr. Proper, la picardia de Pier Luigi Cherubino, la capacitat organitzativa de Redondo —a qui van fitxar més tard— i l'instint golejador de Juan Antonio *Sos Macanudo* Pizzi. Aquell Madrid, citant l'il·lustre Di Stéfano, es pensaven que podien guanyar els partits amb la samarreta. Total: 3-2 a favor dels tinerfenys, el Barça que s'imposa 2-0 al Bilbao i, com diu la lletra de la sevillana, "mírala cara a cara que es la segunda" (la segona Lliga seguida, volem dir).

La temporada següent, 92-93, va ser una Lliga de domini blaugrana, però una badada va donar aire als rivals. El Madrid va accedir al liderat a la 35a jornada i el va mantenir encara dues més, fins a la 37a. Però el Barça encara comptava amb una arma secreta: els aliats de les Illes Afortunades. Qui ho havia de dir, que el final d'aquella temporada seria pastat a l'anterior! Només ho havia pronosticat una cançó mítica del grup melòdic Pecos: "Y puede comprender / la historia se repite una y otra vez...". Un guió de somni: 2-0 per als tinerfenys contra l'equip blanc, 1-0 per als blaugranes al Camp Nou contra la Reial Societat de l'inoblidable John B. Toshack i la llegenda de Valdano com a botxí dels de la capital que no feia sinó engrandir-se.

10 / 100

UNA PALLISSA AL BERNABÉU

Fins fa poc, a la memòria col·lectiva del barcelonisme hi havia gravada una gran pallissa a l'etern rival al coliseu madridista. L'equip entrenat per Rinus Michels va endossar una maneta als blancs el 17 de febrer del 74. Van marcar els gols Asensi, en dues ocasions, Cruyff, Juan Carlos i Sotil. Explica Cruyff que, després d'allò, el que més el va sobtar era que a Catalunya tothom li deia simplement "gràcies". Perquè en un club que és més que un club, un 0-5 a les acaballes de la dictadura franquista era més que un 0-5. Un resultat tan bèstia a favor dels culers només es va repetir el 8 de gener de 1994, aquella vegada al Camp Nou. Qui no recorda la cua de vaca de Romário a Rafa Alkorta i el *hat-trick* d'aquell brasiler màgic?

L'aficionat culer també guarda a la memòria el 0-3 en els millors temps de Ronaldinho, amb dos gols pràcticament idèntics del brasiler amb què va culminar sengles eslàloms de vertigen. Era la temporada 2005-06 i tothom recorda el Guindi, un seguidor madridista que es va fer molt famós per les imatges que el mostraven aplaudint els culers a peu dret. Ara bé, que cal dir que, com no podria haver estat d'altra manera, l'encarregat d'obrir la llauna va ser Eto'o. Com a la final de París, com a la final de Roma, com sempre que ha calgut.

Les manetes de rècord les va polvoritzar el mateix equip blaugrana la temporada 2008-09. Aferrant-se a un clau roent, els més optimistes entre el madridisme encara confiaven que els blancs tenien opcions de guanyar la Lliga i salvar la temporada. Era la segona volta i, amb Juande Ramos a la banqueta, el Reial s'aferrava a l'esperança de la Lliga, després d'haver sortit cua entre cames de la Copa del Rei i de la Copa d'Europa (d'on va sortir *chorreado*).

El partit va començar malament per al Barça: gol d'Higuaín. Però Titi Henry va igualar de seguida i Puyol va fer un gol de cap que va celebrar besant la senyera del braçal de capità per contrarestar els càntics de "¡Que viva España!" de la graderia. Marcà Messi el tercer i, al començament de la represa, Sergio Ramos donà una mica d'aire al Reial amb un gol de cap: 2-3. Només va ser un miratge, però. Henry superà Casillas a mitja sortida (2-4), Messi féu el cinquè (2-5) i Piqué *Piquembauer* va rematar la maneta més u amb una mitja volta (2-6).

Als carrers de Catalunya l'alegria es va desbordar. Es tractava, sens dubte, de la derrota més dolorosa del Madrid, per sobre de la que va patir davant del Liverpool, el famós *chorreo* amb què aquella mateixa temporada els havia obsequiat el pentacampió d'Europa, entrenat pel madrileny Rafa Benítez.

Era la segona vegada que el Madrid encaixava 6 gols a casa a la Lliga. El precedent cal anar a cercar-lo, però, als annals de la història, a la tercera Lliga: el 18 de gener de 1931 l'Athletic Club de Bilbao va noquejar els blancs amb un 0-6. Gorostiza, Chirri II, en dues ocasions, Iraragorri, Bata i Lafuente van signar la golejada dels biscaïns a Chamartín.

Després del Dragon Khan de la pallissa a l'etern rival i el triplet, la memòria de la gesta perdura. Fins al punt que Gillette s'anuncia a la televisió mexicana amb Rafa Márquez, qui surt increpat del Bernabéu però encara gosa dir: "La suor ja no és rival. Ells, tampoc."

11 / 100

EL REI DE LA COPA

Les proves són concloents. A finals de 2009, el Barça ha conquerit 25 Copes del Rei. L'Atlètic de Bilbao en té 23 i en reclama la que fa 24, corresponent a l'any 1902. Però l'empat moral que reclamaven els guipuscoans, en cas que es confirmés la número 24 per als lleons de San Mamés, es va desfer a València el 13 de maig de 2009. Procedents d'una semifinal victoriosa contra el Sevilla, al qual van apallissar a la catedral per 3-0 després que el president de l'equip andalús hagués declarat que dels lleons, se'n menjarien fins la cua, el Barça va passar per sobre del Bilbao com una piconadora: 4-1. Toquero (9') va propiciar el miratge inicial, però Touré Yaya (31'), Messi (55'), Bojan Krkic (58') i Xavi (64') van fer dels guipuscoans una joguina. Quant al Reial Madrid, té 17 Copes, lluny dels reis del torneig del KO. Però aprofundim una mica en l'estat de la qüestió.

La Copa del Rei és un torneig de gran tradició, nascut com a Copa de la Coronació el 1902, amb motiu de la pujada al tron d'Alfons XIII. Des de llavors, s'ha anomenat de diferents maneres: Copa del Rei fins a 1931, Torneig President de la República fins a 1936, Copa del Generalísimo fins a 1976 i novament Copa del Rei, i amb aquest nom continuarà (si no es reforma la constitució perquè la infanta Leonor pugui esdevenir reina, la qual cosa obligaria a rebatejar el torneig). La competició més emocionant per a uns, devaluada per a d'altres (els que no la guanyen), el famós "torneig del KO" per a tothom... Sigui com sigui, es tracta d'una competició de gran arrelament i realment difícil per als equips grans: els seus títols estan molt més repartits que la Lliga i, en decidir-se per eliminatòries, és més fàcil que saltin les sorpreses, d'altra banda tan abundants en el futbol.

És indubtable, per tant, que per ser el dominador d'un torneig així es requereixen unes característiques especials: per això, qui l'ha aconseguit més cops al llarg dels anys no només és un gran equip, sinó un gran equip que guanya en el global i també en el concret, perquè cada ensopegada no és simplement punts que no se sumen, sinó que significa l'eliminació. Qui guanya a la Copa és un equip que respon partit a partit, que és superior al contrari en el tu a tu, a casa i a fora, que s'imposa no per una puntuació global, de forma indirecta, sinó generalment i particularment. I aquí cal dir, com apuntàvem al principi, que els números no poden discutir-se: FC Barcelona 25 - Reial Madrid 17.

I amb dos matisos més, no poc interessants: Barça i Madrid s'han enfrontat en tres finals de la Copa del Rei i en totes tres ocasions ha vençut el Barça: 1-0 el 68, 2-1 el 83, 2-0 el 90. És a dir, tres a zero en el còmput de finals. I si amb això no n'hi hagués prou, ampliem l'estadística: el Barça, 25 vegades campió, n'ha estat subcampió 9 vegades, mentre que el Madrid n'ha estat més vegades finalista que vencedor, 19 vegades subcampió per 17 vegades campió. Està demostrat que les finals de la Copa del Rei se li donen malament al Madrid, una dada esperable, ja que per a alguns es tracta del torneig més important i el de major pressió psicològica. Perquè, pensem, o, millor, acudim una vegada més a la dada científica, indiscutible, irrefutable: qui fa lliurament dels diferents trofeus futbolístics? De la Lliga, el president de la Federació Espanyola de Futbol, personatge de prestigi àmpliament conegut. De la Champions, el president de la UEFA. I de la Copa del Rei, el Rei. És a dir, Sa Majestat. I dels tres personatges, a veure, quin és el més important? Per tant, quin trofeu és més important? I quin club hi té la mà trencada i el domina?

12 / 100

ELLS SÓN UNA COLLA DE *FREAKIES* (O AIXÒ DIU LA FRIKIPEDIA)

La Frikipedia, autodenominada "enciclopèdia inútil" i "compendi extremadament seriós de tot el coneixement humà (la tercera espècie més intel·ligent de la terra)" que "parteix del [coneixement] dels dofins (que en són la segona)" és una paròdia de la coneguda Viquipèdia, de la qual copia fins i tot l'aspecte. Doncs bé: la Frikipedia dedica sengles articles al Barça i al Reial Madrid i, encara que el to és irreverent i injuriós per a tots dos, l'equip de Barcelona en surt més ben parat. Dit d'una altra manera: el Madrid és més *freak* que el Barça. I és que l'equip blanc és una mina.

Aquesta enciclopèdia que potser l'SGAE tombarà d'un dia per a l'altre aplega més de 2.000 articles que cauen dintre de la categoria de rareses i monstruositats (aquest és el significat aproximat de la paraula anglesa *freak*). I com que el Barça no és un equip perfecte, també té alguna cosa de *freak*. És cert que hi han passat jugadors com ara Christanval, Fabio Rochemback, Coco, Litmanen, Dutruel, Dani, Busquets (pare), Ezquerro, Bogarde, Kodro... També és veritat que l'ha presidit Joan Gaspart, actual president de la UE Sant Andreu i un coneixedor de la llengua xinesa (va declarar un cop "txin txan txun txin" a la pregunta de si Rivaldo estava en venda). En total, 190 línies i ja la imaginació i les ganes de faltar al respecte del creador de l'article s'esgoten. I és que la matèria primera no dóna per a més.

Ara bé: què passa si consultem Reial Madrid? Doncs que el devessall de crítiques no té aturador. En 402 línies ens recorden el gloriós autogol d'Spasic en el Barça-Madrid de l'any 1991, que l'amfitrió es va adjudicar amb un 2-1 (i el Camp Nou corejant extasiat: "Spasic, Spasic, Spasic!"). També hi desfilen fitxatges estel·lars com ara Woodgate, un central la gran aportació del qual al futbol no se sap quina és, però que fora dels terrenys de joc és conegut per haver estat casat amb una guanyadora de l'edició anglesa de *Gran Hermano*. També se'ns recorden les figures d'Iván Campo, Dubovski, Geremi, Flávio Conceição, Anelka, Secretário... Per si un cas, se'ns refresca la memòria amb allò que el jugador número 12 del Reial Madrid han estat els àrbitres, Brito Arceo i el difunt Guruceta de manera significada. Per no parlar dels mitjans de comunicació que els fan la gara-gara, com per exemple... Millor que fem com Astèrix i tirem un vel a les escenes no autoritzades. En resum, el que tenim és que el Madrid és, segons les línies que li dedica la Frikipedia, doblement *freak* que el Barça.

La Frikipedia és lluny de ser una enciclopèdia com per fer-ne gaire cas. Però, si ens posem destralers i a riure'ns del mort i de qui el vetlla, queda clar que el Reial Madrid avantatja el Barça en el frec a frec de veure qui és capaç de fer més animalades.

13 / 100

NOSALTRES TENIM ELS MILLORS JUGADORS VIUS

Si fem cas de la llista FIFA 100, i per què no fer-ne cas quan és obra de Pelé i la FIFA, no hi ha color per escatir quin és el millor equip de la història. O, millor dit, sí que hi ha dos colors: el blau i el grana. Perquè el Barça és l'equip que més jugadors aporta a aquesta llista de 123 homes i 2 dones (Michelle Akers i Mia Hamm) que aplega els millors jugadors vius.

D'aquests excel·lents futbolistes vius n'hi ha 50 en actiu i 75 retirats, encara que hi ha molts veterans que estan a pic de la jubilació futbolística. La tria es va donar a conèixer el 4 de març de 2004 a Londres en ocasió de les celebracions del centenari de la creació de la FIFA i, com no podia ser d'altra manera, va generar tot un seguit de crítiques per part dels exclosos (o els seus portaveus) i també per una suposada manca de representació de determinats països o representació per sota del potencial futbolístic. Sempre les llistes tenen aquesta capacitat d'aixecar polseguera.

Comprovem quins jugadors han vestit o vesteixen la samarreta culer i figuren en aquesta llista. De Turquia, Rüstü Reçber; de Bulgària, Hristo Stòitxkov; de l'Argentina, Maradona i Saviola; de França, Thuram; del Brasil, Romário, Rivaldo i Ronaldinho; d'Anglaterra, Lineker; d'Holanda, Cruyff, Davids, Kluivert i Neeskens. A aquesta llista hi hauríem d'afegir diversos trànsfugues que el Reial Madrid podria reclamar com a seus: Michael Laudrup, Luis Enrique, Hagi, Figo i Ronaldo. Tot plegat fa una mà de jugadors: 13 només culers i 5 que han nedat entre dues aigües.

Algun lector desconfiat podria pensar: "Ja m'estan venent la moto un altre cop. Segur que el Madrid té moltes més figures en aquesta llista." Com si els fets fossin objecte d'opinió. Però aquí no tenim cap voluntat obscurantista ni manipuladora, així que fem-ne recompte. A banda dels 5 jugadors esmentats, de madridistes n'hi ha 13: el mexicà Hugo Sánchez; el xilè Zamorano; l'hispanoargentí Di Stéfano; el croat Suker; els espanyols Raúl González i Butragueño; el brasiler Roberto Carlos; el francès Zidane; l'hongarès Puskás; els anglesos Beckham i Owen; els holandesos Van Nistelrooy i Seedorf.

Però, que no són 13 contra 13? Doncs no, ves per on. Encara hi ha un as a la màniga: el factor Romerito. El paraguaià, de qui s'ha fet befa i escarni perquè va jugar fugaçment a Can Barça, desequilibra la balança. Hi ha qui diu que només va servir, en un FC Barcelona en construcció, el de la temporada 1988-1989, per concentrar les ires de l'afició, però resulta que també serveix per guanyar aquesta competició entre els dos eterns rivals. Així que ni tan sols cal recórrer a l'entrenador blaugrana entre els anys 2003 i 2008, Frank Rijkaard, per ternir-ne 13+1. I de nou, com no podia ser d'altra manera, tornem a passar-li la mà per la cara al Madrid. Com que no som supersticiosos, actualitzem el marcador a la manera d'Ángel Nieto: Reial Madrid, 13 – Barça, 13+1.

14 / 100

ELLS DIUEN QUE SÓN "GALÀCTICS", PERÒ EL BARÇA HA ESTAT EL PRIMER EQUIP QUE HA ENTRAT EN UNA ESTACIÓ ESPACIAL

El Barça ha estat el primer equip a entrar en una estació espacial, que no és el mateix que ser galàctic, sinó molt millor, perquè en el cas dels madrilenys no els serveix per a gaire res. El fet va tenir lloc durant la gira del Barça als EUA el 9 d'agost de 2006, i va ser una trobada que diaris com *El Mundo Deportivo* van qualificar com un pas de gegant, ja que convertia el Futbol Club Barcelona en el primer equip del món que entrava en contacte amb una estació espacial internacional.

Acompanyat pels capitans de la plantilla, l'entrenador Frank Rijkaard va mantenir un diàleg amb els tripulants de l'expedició número 19 de l'estació durant el qual potser (per què no?) van parlar de futbol. Un moment que els altres membres de l'expedició blaugrana van seguir des de la sala contigua, al centre de control reservat a les personalitats. Un detall menys conegut és que va ser el nord-americà Jeff Williams qui va sol·licitar parlar personalment amb els jugadors per desitjar-los sort en el partit davant de l'Amèrica. El mateix van fer el cosmonauta rus Pàvel Vinogradov i l'alemany Thomas Reiter, els quals van obsequiar els jugadors amb una foto de Barcelona presa des de l'estació espacial i dedicada per ells mateixos.

El regal que van rebre del Barça els tres membres de l'estació espacial va ser una samarreta del Barça signada pels capitans, una samarreta que recollirien en tornar a la Terra, encara que els colors del Barça ja onejaven al seu cor. A la pregunta de si els astronautes haurien demanat veure's amb els jugadors del Reial Madrid, la resposta és que, en cas positiu, el detonant hauria estat la curiositat de veure si, efectivament, el blancs eren galàctics o no. Però no sembla fàcil que la trobada s'hagués produït: a més de no anar de gira pels EUA, tal com els ha anat als blancs en els últims anys, no sembla fàcil que al Estats Units hi hagi gaires seguidors de l'equip madrileny.

A l'estada, l'Amèrica va empatar a quatre amb el Barça, però això no va ser per la falta de bons desitjos de Jeff Williams, de qui (encara que no se sap amb seguretat) es diu que fa onejar una bandera blaugrana a la punta del seu coet.

15 / 100

L'EQUIP SÓC JO

Alguna cosa així podria haver dit Maradona mentre va estar al Nàpols, un club que, sobre els peus de l'argentí (per no parlar de la mà de Déu), va arribar on mai havia somiat. Un equip que ha arribat a caure fins i tot a Tercera Divisió (abans Serie C1 i ara denominada Lega Pro Prima Divisione) va guanyar amb l'argentí dos *scudettos* (1986-87, 1989-90), una de les tres Copes de les seves vitrines (1986-87), la Supercopa italiana de 1990 i la Copa de la UEFA de 1988-89.

La tradició dels astres del futbol és antiga i, com en tots els esports, sempre hi ha els grans noms que fan història; no obstant això, la mobilitat dels astres d'un equip a un altre cada pocs anys, fins al punt de ser impossible identificar-los amb un club, sí que és un fenomen recent. La situació crea conflictes més o menys greus en els seguidors que, amb freqüència, veuen com una traïció el fet que els jugadors canviïn de bandera, cosa que els porta a manifestar el seu descontentament amb agressivitat. Aquest és l'escenari actual.

Però els temps canvien i cada vegada és més notori el moviment en sentit invers: el jugador és l'important, l'equip està darrere; se segueix els jugadors com si es tractés d'actors de cinema, i poc importa si algú juga avui a l'Inter i demà al Manchester, com tampoc no és significatiu que algú actuï un dia per a Universal Studios i l'endemà aparegui a la Paramount.

Aquesta tendència a valorar l'individu més que l'equip, d'aplaudir l'èxit immediat i deixar d'un costat la tradició i la història, sembla un bon reflex de la mentalitat dels nostres temps, i a més té efectes directes sobre la manera de portar la gerència dels clubs.

Hi ha equips, com el Chelsea o el Reial Madrid, que assumeixen feliçment el seu paper de teló de fons per als herois del moment; inverteixen milions per tenir un elenc d'estrelles de la mateixa manera que un productor de Hollywood es gasta la part més gran del pressupost en noms que prometen taquilla. Però igual que amb el setè art, a l'esport es corre el risc de treballar sobre un mal guió, i això, per més que es menyspreï el públic, acaba afectant el negoci.

Bàsicament, l'absència d'argument duu a un espectacle mediocre, buit, amb poc interès, on l'estrella de moda va i ve d'una forma no gaire convincent. Li veiem fer algun gest que ens recorda per què està de moda però, en general, ens queda la impressió que ni se sent gaire a gust ni té gaire cosa a dir. Si a més ha de compartir el terreny amb altres estrelles, l'assumpte es complica, perquè llavors tractarà d'acaparar l'espai del col·lega, i viceversa. En resum, el conjunt se'n ressent i l'obra fracassa.

Sobre aquest paral·lelisme entre futbol i cinema hi ha molt a dir, però ara com ara només volem ressaltar la validesa dels clàssics: quan l'obra (el partit) és el més important, el director (o l'entrenador) utilitza els actors (o jugadors) per desenvolupar de la millor manera possible l'argument previst (l'estil de joc del club); tots els assajos (els entrenaments) han servit per deixar clar el guió (el pla de joc) i cadascú sap perfectament quin és el seu paper. Quan això s'aconsegueix, quan el grup està motivat i té nivell, quan el treball en equip funciona, l'espectador surt de la funció content, amb la impressió d'haver vist un gran treball, una bona pel·lícula. Com aquesta que, la temporada 2008-09, l'equip blaugrana ha deixat per a la història.

16 / 100

POTSER NO SOM TAN GUAPOS, PERÒ TENIM MÉS ENCANT

Potser ells, els jugadors blancs, són més guapos, sí, però fixant-s'hi bé, qui té més encant?

Enfront del repentinat i el somriure beneit, a l'estil de Britney Spears, de Cristiano Ronaldo, trobem la negligència autèntica, gairebé troglodita, de Carles Puyol. Qui vol un home que va cada dia a l'estilista avançant pel mig camp? No és millor plantar-hi un tipus que bruteja, tot cor, amb esperit de sacrifici, que no es pentina des de fa, almenys, un lustre, impedint que al cor de l'equip hi arribi la metrosexualitat?

Enfront de l'estil delicat, gairebé femení, tot molt blanquet, d'un Guti, posem-hi l'estil divertit, la gràcia, l'esperit ancestral, el somriure, d'un Touré Yaya. A veure què val més, si unes cames llargues, blanques i delicades, potser fins i tot depilades, o un bon ball africà movent la pilota entre la confusió contrària.

Enfront del *look* d'actor dels anys cinquanta d'un Raúl, hi ha el rostre més blanc del futbol mundial, el blanc nuclear *made in* Fuentealbilla, gravat en l'inconscient col·lectiu. Perquè Raúl està bé per posar-lo en un marc de fotos, a casa de l'àvia, però, qui pot negar l'impacte emotiu i visual d'un nino, d'un Gusiluz de mida natural, de don Andrés Iniesta mirant-te a la cara abans de colar-la per l'escaire al minut 93 en el partit contra el Chelsea?

I és que, enfront d'aquests nois bonics de revistes de moda, més aviat insulsos, del Reial Madrid, la plantilla del Barça és plena de personatges carismàtics, molt més aptes per omplir les pàgines de qualsevol revista esportiva.

Com deia l'il·lustre català, el dels bigotets excèntrics, "l'important és que parlin de tu, encara que sigui bé".

17 / 100

LES SEVES SÓN PÚBLIQUES

És clar: tots els homes somien a passar una nit amb alguna noia emparentada amb els jugadors més famosos del Madrid. Una nit, sí, però cada dia amb Nuria Bermúdez o alguna altra d'aquestes?

En algun moment, Ronaldo (no Cristiano Ronaldo, sinó l'altre, l'antiga figura del Madrid) va començar a destacar més per les seves xicotes que pels seus gols. Des de llavors, la seva carrera va començar a decaure. Sobre les seves cames ha passat una constel·lació de belleses difícil d'igualar, des de la rossa angelical a qui se li atribueix la derrota de Brasil a la final de la Copa del Món de 1998, fins a la *top model* d'ulls verds buscada, molt insistentment, per la revista *Playboy*.

En la mateixa línia, Beckham, el paradigma de la metrosexualitat, es manté fidelment unit a l'ex-Spice Girls, que sembla haver-se anotat la seva major victòria casant-se amb el futbolista. Beckham, malgrat ser un dels homes més desitjats del planeta, es manté a l'ombra de les corbes esquifides de la cantant, mentre ella guanya vistositat aixecada sobre ell. (Aviam si ens entenem: quan parlem de fidelitat cal passar per alt els episodis amb Rebecca Loos o Ana Obregón. Com fa la dita, "una flor no fa estiu", de manera que no titllarem Beckham d'infidel només per una o dues ensopegades.)

Quant a Raúl, Figo i Casillas no es queden a la banqueta quan es tracta de trobar dones que deixen sense alè, models perfectes que, després del gol mediàtic que els serveixen els futbolistes, passen directament al camp de les *top models*.

I en canvi, algú sap qui són les xicotes dels blaugranes? Tret de la mediàtica Jaydy Michel, parella de Rafa Márquez i ex d'Alejandro Sanz, ningú no en sap res.

Però, aquesta situació afecta el futbol? N'hi ha prou amb un exercici mental: com es pot concentrar un jugador que sap que, en aquest moment, la seva mossa s'està despullant per ser fotografiada en una revista masculina, o està negociant amb els directius d'una gran marca, a porta tancada, sobre les possibilitats de ser la cara pública de la pròxima campanya publicitària?

Perquè els del Madrid poden haver-se metrosexualitzat tant com vulguin, però no poden convèncer a ningú que no els afecta l'interès que generen en el públic les corbes de les seves parelles.

Així, una vegada més, el perfil dels jugadors del Barça, en aquest cas modest, acaba obtenint la victòria.

18 / 100

TÍMID, NO XIMPLE

Quina és la principal semblança entre Nadal i Messi? El número u, diria algú. Doncs no, perquè en qualsevol moment canvia de mans. La principal semblança és aquesta capacitat heroica de mantenir la calma i les idees clares, característica de qui és el més gran en el seu terreny.

Encara que sigui anomenat l'hereu de Maradona (Messidona, se sent dir a vegades), el barcelonista no s'enlluerna amb els flaixos, perquè el títol també l'han penjat abans a jugadors irregulars com Saviola, Riquelme o Palermo. I el millor és que aquesta imatge de professionalisme no treu que hagi guanyat, també amb els seus mitjans, la primera posició mundial: és el futbolista amb més aparicions durant la temporada 2008-2009, superant Cristiano Ronaldo, que juga sempre amb l'estratègia mediàtica oposada: la del noi maco i amb sort, el vencedor a qui invariablement li somriu l'èxit.

Segons un estudi incontestable de l'ESI (Economics, Sport and Intangibles Research Group de la Universitat de Navarra), l'espectacle futbolístic es desplaça principalment cap a tres figures: Messi, Ronaldo i Kaká; i encara que el portuguès aconsegueixi transmetre més notòriament una imatge d'estrella, de líder i d'icona mediàtica, l'argentinocatalà, gràcies al seu extraordinari rendiment, ha atret millor els mitjans, aconseguint-hi un nombre més gran d'aparicions. Perquè, al capdavall, ¿estem dintre d'un esport on el talent es mesura pels resultats, o d'un espectacle de xou d'impacte on les estrelles es fabriquen com empanades? La resposta correcta seria que el futbol dóna per a tot, que les fans japoneses es van desviure en el seu moment per Beckham com ara ho fan per Ronaldo, mentre que a les penyes de futbol es discuteix el bon o el mal govern dels directius dels clubs. Ara bé, que el que és evident en el futbol és que un equip necessita guanyar tornejos per tenir prestigi, i el prestigi és el que fet i fet atreu els seguidors, almenys quan els clubs pretenen moure's en l'economia global, tan competida.

Per descomptat que els seguidors i, sobretot, les seguidores, estaran disposats a gastar-se els seus diners en el marxandatge estampat amb les imatges dels seus ídols però, ¿què passa quan el pressupost no arriba i els ídols se'n van? El club es desinfla com un globus punxat.

En canvi, un equip que es preocupa de desenvolupar el seu joc, de guanyar competicions i de tenir un bon planter, atraurà veritables amants de l'esport que, en la majoria dels casos, es mantindran fidels als colors fins i tot en els temps durs, sempre que el rumb del conjunt no sigui extraordinàriament nefast. La capacitat de resistir les tempestes, per a aquests clubs, és molt més gran; no requereixen pressupostos inflats ni es desmantellen per una crisi econòmica.

Per dir-ho amb el llenguatge de les finances: el Reial Madrid funciona una mica a l'estil Madoff, mentre que el Barça marxa al pas segur del tresor nacional noruec o alguna cosa així.

19 / 100

EL MILLOR GOL DEL SEGLE XXI L'HA FET UN BARCELONISTA

Hi ha gols i gols. Tramposos però, sens dubte, eficaços, com el que Maradona va ficar en el partit entre Argentina i Anglaterra per als quarts de final del Mundial de Mèxic 1986 (la famosa "mà de Déu"), i també hi ha autèntiques obres d'art. En aquesta segona categoria hi entra el segon que Maradona va fer als anglesos en aquell mateix partit i que va fer que l'Estadi Asteca de Mèxic fos l'última seu de la selecció anglesa en aquell mundial. Un gol considerat per molts el millor de la història del futbol i, sens dubte, el millor del segle XX.

Però si s'hagués de triar el millor gol del segle XXI, el candidat número 1 és el barcelonista Leo Messi, calcant el segon de Maradona a l'Estadi Asteca. Un gol que l'argentí li va endossar al Getafe al Camp Nou, a l'anada del partit de semifinals de la Copa del Rei (5-2), i que va fer emmudir l'univers futbolístic i que es col·lapsés la xarxa. Un gol que, possiblement, només podria fer un jugador argentí que jugui —o que, com Maradona, hagi jugat— al Barça.

El gol de Messi va tenir lloc el 18 d'abril de 2007 i —si es relata amb senzillesa— podria semblar gairebé normal: arrenca des de la meitat del camp, eludeix quatre rivals, després el porter i, quan entra a l'àrea petita, marca davant un defensor. Senzillesa que contrasta amb la bellesa de la jugada i, sobretot, amb el que els mitjans de comunicació van dir del gol i del seu autor. A l'Argentina: "Un golàs de dos segles" (*La Nación*); "Messi sorprèn el món" (*Olé*). A l'Estat espanyol: "Una jugada per als annals de la història futbolística" (*Sport*); "El peu de Déu" (*El Mundo Deportivo*). Fins i tot els diaris esportius blancs ressenyaven la gesta de Messi, titulant "Disfressa de Maradona" (*Marca*) i "El Getafe va sofrir Diego Messi" (*As*).

Així va ser el gol de Messi, sens dubte el millor del segle XXI, tot i que en la història del Barça hi ha hagut grans gols. Una votació dels afeccionats a *El Mundo Deportivo* incloïa —entre d'altres— el que Eto'o li va fer a l'Arsenal a la Champions del 2005-06; el que Hagi li va fer al Celta en un camp cobert de boira en un partit de Lliga de la temporada 94-95 o el gol que Koeman li va fer a la Sampdoria a la Copa d'Europa 91-92. Però el que es va endur la palma, qui sap si amb mereixement, va ser aquest golàs d'en Messidona.

20 / 100

QUALITAT ARTESANAL

Segons els experts de la Universitat de Navarra, amb dades de desembre de 2008, 187 milions d'euros és el preu del planter blaugrana: el més car del món. Seguint l'exemple dels millors productors de cava, el Barça conrea els seus jugadors durant anys per recollir-ne la millor collita. El resultat: de l'equip titular, la meitat dels jugadors vénen de la Masia, el mític viver de l'equip català.

El mateix nom ja ens aclareix les coses: la Masia, l'habitatge del productor agropecuari català, carregada de referències de treball constant, dur, curós, productiu i, sobretot, de gran qualitat. Encara que els catalans són famosos pel seu esperit comercial, el gust pels diners i els negocis, el Futbol Club Barcelona ha preferit amarar-se d'aquest altre esperit, també molt català, del petit productor agropecuari treballador i honest. El Barça, amb aquesta fórmula en aparença humil, ha aconseguit construir la major entitat (pel nombre de socis, pel seu pes mediàtic, pel seu reconeixement internacional, etc.) del principal esport del món.

Com ho ha aconseguit? Bàsicament, mantenint un objectiu: la qualitat. Al Barça no es tracta solament d'omplir l'equip de jugadors locals per reforçar els vincles amb els fanàtics (com passa en alguns clubs més petits), sinó que, ben al contrari, es tracta de treure el millor dels recursos que es tenen a mà. Aquesta política ha portat a un nivell de joc entre els millors del món, cosa que demostra una sola dada: l'elecció de Xavi com a millor futbolista de l'Eurocopa. D'altra banda, la Masia no està tancada als futbolistes estrangers: Messi, la gran estrella de Can Barça, va arribar a Catalunya als tretze anys i es va formar al planter blaugrana.

Les conseqüències d'aquesta política encertada de producció de futbolistes són de gran importància, fins al punt que mereixen l'atenció d'estudis independents. Però no tancarem aquesta investigació sense fer-li una carícia a l'enemic: al Reial Madrid gairebé ningú no ve del club, així que tots aquests joves formats al planter blanc tenen dues opcions: o seguir el seu equip mirant els partits per televisió, o buscar altre lloc on explotar el seu talent i desenvolupar-se com a professionals. Sona atractiu, oi?

21 / 100

LA RECEPTA DE L'ÀVIA

Qui ignora que les àvies donen, sempre, els millors consells? La meva no es cansava de repetir: "Nen, no deixis que et prenguin les joguines." I sí, jo ho intentava, però sempre venien els grans i s'enduien la pilota. Suposo que per això, ara mateix, en comptes d'estar entrenant-me per a la pròxima Lliga, estic escrivint aquest llibret. Però jo volia anar a parar a la possessió de la pilota. És la conegudíssima fórmula secreta de l'equip català: una mitjana del 60% del temps de joc la pilota és a les seves mans, volíem dir als seus peus.

Però això, que sembla una simple estadística, té conseqüències que van molt més enllà de l'autoestima dels jugadors o les complicacions, per a l'altre equip, de trobar la forma d'anotar un gol (és clar, si no tenen la pilota, amb què l'han de marcar?).

Primer: per mantenir la pilota s'ha de saber jugar en equip; funcionar com un tot, com una màquina greixada, concepte que ens recorda aquell famós conjunt holandès al qual anomenaven la Taronja Mecànica; o també aquestes grans seleccions brasileres conegudes pel *jogo bonito*. En aquest tipus d'equips les estrelles individualistes i egocèntriques s'enfosqueixen i, en canvi, brilla el joc elaborat, sincronitzat, harmònic, amb bona comunicació entre els jugadors. Les idees que hi ha darrere: recerca compartida dels objectius, enteniment, claredat, esperit d'equip.

Segon: per mantenir la pilota s'imposa el futbol arran de terra i ràpid, de passades curtes i elegants, visualment espectacular. La pilota es desplaça pel terreny de joc com dintre d'un joc del milió fins que, després d'alguna jugada brillant, veloç i inesperada, la pilota entra a la porteria enemiga. El futbol, llavors, sembla una espècie de batalla ballada, una coreografia dirigida a una fi particular: atacar, marcar gols, desubicar el contrari. Aquest tipus de joc aconsegueix espectadors a qualsevol part; en canvi, per suportar un equip que practiqui l'estil contrari (el futbol defensiu de contracop) és necessari ser-ne un seguidor, un *hooligan*, un fanàtic obtús (perdó, volíem dir incondicional).

El Madrid, en canvi, per estratègies de mercat (atreure a qui segueixen les estrelles, i no els equips), es dedica a fitxar els grans noms del moment. Aquests mediàtics estaran, naturalment, més preocupats per aparèixer a la pantalla, per exhibir les seves virtuts i per fer malabarismes individuals, que per aconseguir que el seu equip venci. Si el Reial Madrid guanya serà per la necessitat que tenen els astres de brillar, no per l'existència d'un pla comú.

El resultat: el Reial Madrid necessita un pressupost gegant per poder mantenir-se mentre el Barça ho aconsegueix amb el seu estil de joc brillant i particular.

22 / 100

ELLS HO PAGUEN CAR

Segons un estudi del grup de recerca de la Universitat de Navarra que ja hem citat, el Reial Madrid ha pagat 16 milions d'euros de més pels fitxatges de Ronaldo i Kaká. Per calcular el valor de mercat dels jugadors, els investigadors han tingut en compte no només el seu rendiment futbolístic, sinó també el seu impacte mediàtic. Segons l'estudi, una bona part de les notícies relacionades amb els clubs de futbol on aquests jugadors han estat durant l'última temporada té a veure amb ells, cosa que suposa una revaloració per al nou propietari, el Reial Madrid; encara que, segons els acadèmics, aquesta revaloració és inferior al preu pagat.

El mateix president de la UEFA, l'antic astre del futbol francès Michel Platini, que coneix el negoci per dintre i des de tots els racons, ha advertit que pot haver-hi una competència deslleial per part dels clubs que financen els fitxatges amb endeutament o amb patrimonis que no provenen del món del futbol (referint-se indirectament als fitxatges del Reial Madrid i del Manchester City, un altre club que es comporta amb fatxenderia de nou-ric).

La situació financera de la Casa Blanca és complexa, i més enllà del nombre de superestrelles que integren l'equip, dels milions que hi entren i en surten, i de la visibilitat internacional del club, resulta que l'última temporada ha estat una successió de crisis que no s'acaben de resoldre. En resum, els del Reial Madrid estan en un bon embolic i és probable que amb aquests fitxatges multimilionaris es compliquin la vida encara més.

Quina és, en canvi, la situació de Can Barça? Financerament, els beneficis que genera el club de futbol blaugrana permeten donar suport, des de fa un bon temps, a diferents projectes de cooperació i fer donatius relacionats amb temes de solidaritat. A la part frontal de la samarreta de l'equip, un dels espais publicitaris millor pagats en el món del futbol, el Barça ha decidit estampar-hi Unicef, cedint gratuïtament a aquest organisme de les Nacions Unides el que tantes empreses estarien disposades a comprar per milions. En aquest sentit, només cal recordar dues ofertes que l'entitat blaugrana va rebutjar. Una va ser la dels Jocs Olímpics de Beijing, però la manca de respecte als drets humans per part de les autoritats xineses va impedir l'acord. Tampoc no va fructificar l'acord amb Bet and Win, una empresa d'apostes, ja que al Barça no va acabar de fer-li el pes una activitat darrere de les llums de neó del qual hi ha problemes seriosos d'addicció i els consegüents drames personals i familiars. En canvi, el Reial Madrid porta Bet and Win a la samarreta i la seva delegació a Barcelona, el RCD Espanyol, llueix un Interapuestas.com.

És curiós, però resulta que el club blanc, que existeix per aprofitar els beneficis del lliure mercat, pot estar aproximant-se a la seva fallida mentre que l'altre, que sota la forma d'una fundació funciona amb la lògica del benefici zero, està en una situació excel·lent, no només financera, sinó esportiva. Sembla que hi ha una peça que no encaixa, oi?

23 / 100

EL VELL MÓN, LA TERRA DE LES OPORTUNITATS

La història de la infantesa de Lionel Messi, el millor jugador de futbol del món, ja dóna, ella sola, per a una novel·la o una pel·lícula taquillera. Però més enllà de la història que va començar als cinc anys, ens interessa, d'aquella època, la seva relació amb el Barça.

Partint dels fets: de nen, Messi patia un problema hormonal que requeria un tractament massa costós perquè el seu pare, un home treballador del nord de l'Argentina, pogués pagar-lo. El nen tenia un talent realment excepcional, d'això no hi havia dubtes, però amb els problemes hormonals, el seu creixement normal es veia afectat seriosament. Contra la lògica darwiniana de la supervivència del més apte que domina al món actual, el planter del Barça va decidir assumir-hi riscos: es va encarregar de l'onerós tractament mentre, en paral·lel, continuava l'entrenament del xaval.

Ara sabem com va acabar la història i tot resulta d'allò més lògic, però les coses no són tan senzilles. Perquè es doni un miracle han d'haver-hi ocorregut abans uns quants intents fallits; aquests intents passen sense pena ni glòria i són oblidats, excepte pels que hi són directament implicats. Si el Barça ha estat capaç de produir el miracle Messi és perquè durant anys i panys s'han gestat altres casos molt menys sonors. Que una organització reeixida com el Barça decideixi assumir casos complicats, quan pot permetre's el luxe de seleccionar entre milers de candidats, és no només una mostra dels recursos de què disposa, sinó de l'esperit que la guia.

Per a la família Messi, no solament per a Lionel, el que ha passat és una espècie de conte de fades que només pot ocórrer a Europa, on en alguns països (Catalunya n'és un) encara existeix una seguretat social que funciona relativament bé i on els diners ràpids no sempre són l'única guia de les organitzacions.

El miracle Messi no és només un exemple de fortalesa i perseverança de l'individu, és també una mostra de fins a on poden arribar els beneficis de la gestió correcta d'una organització: el que en un món individualista i curt de mires hauria pogut donar lloc a un futbolista frustrat per un problema de salut més o menys seriós, va dur, en canvi, a l'aparició del millor jugador del món: la puça Messi.

24 / 100

UN TEMA DELICAT

Des que a partir dels anys noranta, juntament amb tantes altres activitats, el futbol s'ha convertit en un negoci globalitzat, el procés de reclutament dels jugadors s'ha transformat radicalment i ha guanyat en complexitat.

Els cercapromeses (*scout* n'és el nom anglès) arriben a països en vies de desenvolupament, normalment d'Amèrica del Sud o d'Àfrica, buscant les potencials futures estrelles del futbol internacional. Com a tota activitat nova que es practica sense atenir-se a fronteres, no existeix encara una regulació clara i, encara menys, aplicable. Es refereix ja un nombre alarmant de casos de suposats cercapromeses independents que, en realitat, són la tapadora de formes fosques del tràfic humà (recordem el que ha passat amb una altra professió mediàtica, el modelatge). En el cas del futbol es tracta, gairebé sempre, de manipulacions escandaloses amb menors d'edat; la promesa de fama i fortuna fa que les famílies desprevingudes posin els seus fills en mans de desconeguts i, a continuació, hi perdin tot contacte.

Des del mateix moment que el sistema actual de lleis estatals és insuficient per controlar aquest tipus d'assumptes internacionals, la màxima responsabilitat per evitar abusos queda en mans de les grans empreses, en aquest cas, dels grans clubs de futbol.

No es tracta de prohibir el reclutament de joves talents (el cas de Messi, amb qui el Barça va assumir les despeses d'un costós tractament mèdic, és un bon exemple que la prohibició no és la millor alternativa). Es tracta, en canvi, que el procés sigui transparent i canalitzat a través d'organitzacions de trajectòria reconeguda, que s'arrisquin a perdre-hi molt més del que hi guanyen si participen en processos de reclutament irregular.

En aquest sentit el Barça ha donat un bon exemple: els seus cercapromeses estan clarament identificats i el club disposa de llocs reconeguts de reclutament, almenys a l'Argentina. Les veus que ataquen la mundialització irreflexivament consideren això una nova forma de relació colonial, però preguntin als nois que viuen a la Masia, i als seus familiars, si realment se senten víctimes d'una explotació neocolonial. Perquè al final haurien de ser ells qui tinguessin l'última paraula, oi?

25 / 100

LLARGA VIDA AL ROCK AND ROLL

Els tupés i les patilles de mig món es van agitar frenètiques el passat 14 d'agost de 2009 en sentir que Elvis era el setè fitxatge del Barça. Com? Era certa, doncs, la llegenda que el rei del rock and roll era viu i retirat en una illa deserta? Tenia raó Andrés Calamaro amb la seva cançó *Elvis está vivo* i la Pelvis era a casa veient deu canals alhora i rentant la limusina? Vols dir que amb 74 anys i amb la canya que s'ha fotut el Rei del Rock no està massa granadet per dedicar-se a la pràctica de l'esport rei?

En realitat, el titular que induïa a error es referia al fitxatge per part del Barça Atlètic d'un nou jugador nigerià: Ogude Elvis Onyema. Elvis ha fitxat per una temporada, fins al 30 de juny de 2010. Els seus mèrits esportius al Ceuta, de Segona B, equip amb el qual va aconseguir 22 gols, l'han fet mereixedor del privilegi de jugar al Barça.

Elvis és el setè jugador que es posarà a les ordres de Luis Enrique, entrenador del filial blaugrana i un dels trànsfugues (venia del Reial Madrid i va acabar sent capità del Barça) que millor gust de boca va deixar entre l'afició culer. El Barça Atlètic serà un aparador perfecte per al davanter nigerià, com també per a Jonathan Soriano, procedent de les categories inferiors de l'Espanyol i que no va acabar d'esclatar mai per culpa de les lesions, de la manca d'oportunitats (Tamudo és molt Tamudo) i també, per què no dir-ho, d'errades pròpies.

La llista de jugadors que van començar al Barça Atlètic i que van pujar al primer equip és interminable: el *Lobo* Carrasco, Calderé, Amor, el *Txapi* Ferrer, Josep Guardiola, Sergi Barjuan, Víctor Valdés, Carles Puyol, Xavi Hernández, Andrés Iniesta, Lionel Messi o Bojan Krkic, per citar-ne només uns quants. Si ampliem la llista als que han triomfat a altres clubs, llavors no acabaríem mai: Cesc Fàbregas, Albert Luque, Dani Güiza, Iván de la Peña, Luis Milla, Nayim, Oleguer Presas... Alguns d'ells van arribar a debutar i destacar amb el primer equip blaugrana, però no és el cas de tots.

Hi ha un abisme entre l'evidència dels fets a Can Barça i la retòrica madridista dels Zidanes i Pavones (algú se'n recorda, de Pavón, o de Rubén González plorant a la banqueta en ser substituït per Queiroz al minut 26 d'un Sevilla-Reial Madrid de Copa del Rei, després d'un gol en pròpia porta?) o els menyspreus al planter de Ramón Calderón, expresident blanc ("Guti és una eterna promesa").

En fi, que si ets rockabilly o penses que avui dia no es fan balades com *I can't help falling in love with you*, ja saps quin ha de ser el teu equip: l'equip d'Elvis, el Barça.

26 / 100

DOS *COWBOYS* DE LUXE PER AL BARÇA EN LA SEVA PRIMERA COPA D'EUROPA

Entre altres grans jugadors, el Barça i només el Barça, ha pogut comptar entre les seves files amb dos vaquers tan singulars com Bakero (en català *vaquer*) i Koeman (de *Koe*, vaca, i *man*, home, en neerlandès). Una dada que seria tan sols una curiositat més si no fos que aquests dos *cowboys* van ser decisius perquè el Barça guanyés la seva primera Copa d'Europa l'any 1992.

Com a equip guanyador de la Lliga 1990-91, en què es va alçar amb el títol quatre jornades abans d'acabar la competició, amb deu punts d'avantatge sobre el segon classificat, el Barça defensava les seves opcions a la competició europea la temporada 1991-92. Les coses no anaven malament fins que el club blaugrana es va trobar amb el Kaiserslautern, equip al qual li havia endossat dos gols al Camp Nou i contra el qual perdia a Alemanya per tres gols de diferència al minut 89. El Barça era fora d'Europa fins que, al minut 90, Bakero va rematar de cap lluny de l'abast del porter una falta en què Koeman, l'altre *cowboy*, havia llançat la pilota a l'olla. Aquell gol decisiu va permetre que el Barça arribés a la final. Un gol agònic com el recent d'Iniesta a la semifinal contra el Chelsea, a Stamford Bridge, el feu dels *blues*.

Ja a la final d'aquell 92 olímpic, a Wembley i contra la Sampdoria italiana, el Barça va accedir a la història dels guanyadors de la Copa d'Europa en aprovar l'assignatura que tenia pendent des de feia massa temps. Després d'haver guanyat tres Copes de Fires, així com una Supercopa de Fires i dues Recopes, el Barça es feia amb el cobejat trofeu, amb l'afegit que, setmanes després, guanyava la Lliga gràcies a la col·laboració d'un amic per sempre, el Tenerife.

Què hi van tenir a veure els dos *cowboys* al Teatre dels Somnis londinenc? Per saber-ho només cal observar que, al minut 111, Stòitxkov tocava en curt perquè Bakero parés la pilota amb la sola de la bota i —per més curiós que pugui semblar— una altra vegada Koeman —l'altre vaquer— connectés un cacau que va enviar la pilota al fons de la xarxa.

L'endemà, l'expedició tornava a Barcelona per oferir la Copa a la Mare de Déu de la Mercè, patrona de la ciutat, i després va donar-se un bany de masses a la plaça de Sant Jaume. Com a curiositat, cal saber que Koeman, un dels *cowboys* d'or de l'equip blaugrana, s'havia convertit en el segon jugador a guanyar la Copa d'Europa amb dues samarretes diferents, després d'haver-ho fet amb l'Ajax. Afortunadament, aquesta segona vegada vestia la del Barça.

27 / 100

EL BARÇA ÉS EL CLUB AMB MÉS BOTES D'OR

El Barça és el club de l'Estat espanyol que ha tingut més jugadors que han assolit la Bota d'Or, trofeu que es va començar a atorgar la temporada 1967-68 i que, des de llavors, premia cada any el màxim golejador de les lligues europees. Els guanyadors blaugranes del guardó han estat un repòquer prodigiós: H. Krankl (1979), Hristo Stòitxkov (1990), Ronaldo (1997), Larsson (2001) i Henry (2004 i 2005).

La primera Bota d'Or que va merèixer un jugador que després va triomfar al Barça va ser per a Hansi Krankl, que a la temporada 1977-78 va assolir 41 punts defensant la samarreta del Rapid de Viena. Krankl va arribar al Barça amb el difícil paper de substituir Cruyff i, entre els molts assoliments del davanter, destaca el gol definitiu que, a la pròrroga de la final de la Recopa d'Europa del 79, a Basilea, va marcar davant l'Anderlecht, cosa que li va valdre el títol a l'equip blaugrana.

El 1990 va ser Hristo Stòitxkov qui, el mateix any que fitxava per l'equip blaugrana per la modesta xifra de quatre-cents milions de pessetes, rebia el trofeu. Quatre-cents quilos per quatre lligues consecutives. Hristo es va convertir sens dubte en una estrella del Barça i per a molts és dels millors que han passat pel Camp Nou, un dels protagonistes indiscutibles del Dream Team. Fins i tot malgrat la trepitjada a l'àrbitre Urízar Azpitarte (o tal vegada gràcies a ella), trepitjada que li va costar dos mesos i mig de sanció al geni i figura.

També hi hem d'afegir Ronaldo, el qual, tot just coronat màxim golejador d'Europa amb el PSV Eindhoven, va ser fitxat pel Barça. A Can Barça, en una única temporada abans d'abandonar el club que el va encimbellar i anar-se'n a l'Inter, on la seva trajectòria va decandir, va marcar 34 gols en 37 partits de Lliga. Era la temporada 1996-97, en què obtenia la Bota d'Or. Després d'obtenir el premi al millor jugador del món amb el Barça i assolir el premi FIFA al millor jugador durant dos anys seguits (1996 i 1997), va fer les maletes amb direcció a Itàlia.

Quant a Henrik Larsson, que jugà dues temporades al FC Barcelona com a recanvi de luxe, un paper que Eidur Gudjohnsen malauradament no va poder complir posteriorment, què en podem dir? Què es pot dir del jugador que saltà a la gespa al minut 61 a la final de la Copa d'Europa de París i féu les dues assistències de gol, una a Eto'o i una altra a Belletti? Un cavaller de cap a peus, nomenat membre de l'Orde de l'Imperi Britànic el 2006.

Finalment, hem de citar Thierry Henry, dos cops guanyadors del trofeu. Henry, The Master, un home que té una elegància innata, que no practica el xandallisme sinó quan és obligatori i ho demana el club. Màxim golejador de la història de la Selecció de França, superant Michel Platini, va punxar a la primera temporada al Barça sobretot per problemes personals (es va separar de la dona, no veia la filla i va plorar davant els periodistes). A la segona campanya, però, es va redimir davant l'afició blaugrana amb actuacions com el *hat-trick* davant el València (6 de desembre de 2008: 4-0 per als culers) o els dos golets al Madrid en la històrica golejada als blancs (2-6 al Bernabéu).

Però aquesta llista encara és incompleta. Atès que al Barça hi juguen els millors jugadors del món, és obvi que molt aviat el palmarès seguirà creixent.

28 / 100

EL BARÇA VA TENIR ETO'O, UN DELS MILLORS JUGADORS AFRICANS DE LA HISTÒRIA, I EL REIAL MADRID, NO

Entre d'altres grans jugadors, el Barça va tenir a les seves files Samuel Eto'o, un dels millors jugadors de la història del futbol africà junt amb Milla, Didier Drogba, Adebayou, Essien i algun o altre més. Si va jugar al Barça, equip on va triomfar i marcar 108 gols en 145 partits, va ser gràcies que el Reial Madrid (que el va fitxar als quinze anys procedent de l'UCB Douala) el va cedir primer al Leganés, després al Mallorca gràcies a l'olfacte de J.B. Toshack i va tornar-lo a rebutjar quan el va fitxar el Barça (la negociació va ser a tres bandes, Mallorca, Madrid i FC Barcelona, atès que els dos primers en compartien els drets).

A les files del Barça, on va arribar el 2004, va gaudir fins ara dels millors moments de la seva carrera. Titular al FC Barcelona a la Lliga 2004-05, un gol seu al minut 60, que empatava a u el Llevant-FC Barcelona del 14 de maig de 2005, li va valer al Barça el títol de campió de Lliga. Una Lliga en la qual, al costat de l'uruguaià Diego Forlán, va ser el màxim golejador amb 24 dianes, encara que el diari *Marca*, que verificava els gols i que no en va comptabilitzar un de l'africà, donés Forlán com a guanyador.

Durant la temporada 2005-06, Eto'o, conegut de nen com la Pantera Negra o el Lleó Africà, es va fer amb el trofeu al màxim realitzador de la Lliga amb 26 gols i va ajudar que el Barça de Rijkaard assolís el seu segon campionat de la Lliga consecutiu. Una temporada en la qual, a més, es va alçar amb la Lliga de Campions (davant l'Arsenal FC) en un partit on va marcar el gol que li donava l'empat momentani al Barça. Tot plegat va fer que fos triat per la UEFA com a millor jugador de la final.

El seu traspàs a l'Inter a l'estiu de 2009 no va estar exempt de polèmica. Era *vox populi* que Eto'o i Guardiola no s'avenien gaire. Guardiola ho va sintetitzar dient que hi havia un problema de *feeling*, un problema que al Barça li va sortir car: va adquirir Ibrahimovic per 45 milions d'euros més Eto'o, a qui només li quedava un any de contracte. Tot plegat, 66 milions d'euros per treure's de sobre el camerunès, un dels homes gol del Barça. Després Guardiola va matisar que amb allò del *feeling* es referia a la sensació que calia fer canvis a l'equip, però la sensació de nyap econòmic, qui sap encara si també esportiu, no se la treu ningú de sobre. El públic, conscient dels serveis prestats, va rebre Eto'o dempeus el dia que tornà a Can Barça vestint la samarreta de l'Inter, en el partit de Lliga de Campions del 24 de novembre de 2009.

Malgrat el seu caràcter inestable (Eto'o té molta personalitat, per dir-ho suaument), i que sovint se'l va voler enfrontar amb els seus companys d'equip, especialment amb Ronaldinho, és obvi que tant pel seu afany per guanyar com per la seva gran ambició i qualitat, Eto'o va ser sempre un referent per al Barça. Un referent, en aquest cas, regalat pel Reial Madrid.

29 / 100

QUAN ÉS D'OR, EL MADRID NO TOCA PILOTA

Luis, o, segons alguns col·legues de la ciència futbolística, Luisito Suárez, a més de gallec i estrella del Barça des de 1954 fins a 1961, és possiblement la major glòria de la florida història del futbol de l'Estat espanyol. Mitja punta, el que abans es deia interior, esquerrà, el seu palmarès és veritablement excel·lent: campió de Lliga dues vegades amb el Barça, dues Copes (del Generalísimo) i un altre parell més de Copes de Fires (després anomenada de la UEFA) també amb el club blaugrana, tres lligues italianes, dues Copes Intercontinentals i dues Copes d'Europa amb l'Inter de Milà, campió d'Europa amb la selecció espanyola el 1964 i, individualment, Pilota d'Or el 1960, mentre era jugador del Barça, a més de dues Pilotes de Plata i una de Bronze. Tot plegat no sols el col·loca, en termes estrictament científics, en el número u del rànquing de futbolistes de l'Estat, sinó que, i aquí és on volíem anar a parar, fa del Barça l'únic club que ha comptat amb un jugador de l'Estat premiat amb la Pilota d'Or, premi obtingut mentre jugava al Barça.

També pot presumir el principal club de Barcelona de ser el pioner en l'exportació de jugadors a altres lligues, i d'haver-ho fet amb un èxit indiscutible, no igualat per cap futbolista de l'Estat. El Reial Madrid pot oposar, és cert, Raúl com a producte admirat i reconegut a fora, que ha guanyat lligues, Copes d'Europa... Això sí: res d'Eurocopes de seleccions ni *scudettos*, lògicament. Però, sobretot, encara que durant anys ha ocupat un lloc digne en la classificació de millors jugadors europeus, mai no ha aconseguit la Pilota d'Or. I el nostre olfacte d'investigadors ens diu que difícilment l'aconseguirà en el futur.

En fi, tot sigui per la ciència. Els fets, les proves, les dades són clares: Pilota d'Or de l'Estat, Madrid zero, Barça un. És a dir: el cent per cent són nostres.

30 / 100

EL BARÇA ÉS L'EQUIP EN QUÈ SOMIA JUGAR OLIVER ATON

Tal com sona: després de conduir a les portes del cel el FC Brancos, un equip juvenil brasiler de primera línia, el jugador japonès més important de tots els temps, és a dir, Oliver Aton (un dibuix animat de la sèrie *Campeones*), vol abastar fites mai aconseguides per un compatriota. Vol arribar al més alt i fitxar pel millor club europeu. Vol fitxar pel millor club del món. Vol fitxar pel Barça. Per això cal que deixi enrere un passat ple d'èxits esportius i que comenci de bell nou a Barcelona, on s'arrisca a un fracàs estrepitós. Però ja se sap: qui no s'arrisca, no pisca.

Oliver Aton, que parla un espanyol molt acceptable amb accent mexicà, arriba a un aeroport on l'espera un inequívoc taxi bicolor, groc i negre. Un taxista d'allò més trempat el porta a fer un volt ràpid, sense ni baixar del vehicle, per la capella de la Família Sagrada de Gaudí (sic) i la torre de Colombo (sic). Però Oliver frisa per arribar a la Meca esportiva occidental: el Camp Nou, l'estadi del Catalunya, on juga Rivaül. "¡El estadio del Catalunya!", no pot estar-se d'elogiar el Camp Nou la coneguda promesa del futbol japonès. I és que, encara que a la sèrie l'equip estigui rebatejat, si és blanc i ve en ampolla, és llet. Doncs si els jugadors vesteixen de blaugrana i a la ciutat hi ha la torre de Colombo, el Catalunya és el Barça.

Si fem memòria, recordarem que Oliver Aton ho havia guanyat tot contra tothom. Juntament amb el porter Benji *Pantera* Price, defensant els colors del Nankatsu FC (o New Team) s'havien adjudicat el campionat nacional abans dels 12 anyets. No havia estat fàcil: havien superat partits de 7 capítols contra Mark Lenders (sota l'aparença d'un grenyut prepotent s'amagava el millor davanter centre del Japó;

el posat arrogant era perquè el seu pare havia mort i Lenders havia de fer tirar endavant la família). James i Jason, els bessons Derrick, tampoc no havien estat fàcils de batre: la seva catapulta infernal havia fet molt de mal al New Team. Ja en solitari, al Brasil, els duels Aton-Santana havien tret espurnes.

Però arriba al Barça i Aton encara ho ha de demostrar tot. El noi entra a l'estadi del Catalunya on, amb un realisme molt aconseguit, s'hi anuncien marques conegudes internacionalment com Tac TV, Sollo, Chambord i Merculeum. Entre totes aquestes primeres marques, gairebé hi passa desapercebuda una altra que es diu Adidas. Hi ha una visita guiada i el guia indica que el coliseu té una capacitat brutal: 12.000 persones (sic).

Però el més calent encara és a l'aigüera. Un nen entremaliat que s'ha colat a la visita guiada vol baixar a la gespa per emular els seus ídols blaugranes. Se li escapa la pilota de les mans i Oliver Aton, amb l'habilitat que tenen els cracs per fer fàcil les coses més difícils, es marca una xilena amb mortal enrere i li torna la pilota al nen, que es diu Pinto (un nom no gaire català, però que està entre si mateix i Valdemoro).

Després de demostrar què és capaç de fer amb la bimba als peus, Oliver va a veure els equips de les categories inferiors, els seus futurs companys. Hi ha tres jugadors del primer equip, molt fatxendes i amb aspecte patibulari, que empenyen un jugador passerell contra la tanca. El jovencell rep una trompada considerable. Els agressors són els tres temibles defenses titulars, tots ells apartats transitòriament del primer equip per excessiva duresa, i dos dels quals responen a noms tan nostrats com González i Clemente.

S'atrevirà algú a fer-los front? Un altre incaut vol fer-ho i acaba mal parat. El trident de les trompades se les promet molt felices: riu confiat. És clar que no compta amb l'aparició de l'estrella emergent. Aton agafa unes botes prestades, es fa amb la pilota, se'n surt de la marca de la serp de Clemente i, tot i que rep una puntada al cap que gairebé el deixa estabornit, acaba fent un gol de xilena, com no podia ser d'altra manera. Ni el joc brut no ha estat prou efectiu contra el geni de la pilota.

De totes maneres, encara que Aton jugui a les categories inferiors, no ho tindrà gens fàcil per jugar al primer equip i seguir les passes de

Xavi, Iniesta o Valdés. I és que el número 10 el té en propietat una estrella brasilera: l'Àguila de Catalunya (sic), Rivaül.

Aconseguit aquest pic d'interès, el capítol de l'arribada d'Oliver al Barça s'acaba. Els guionistes la saben llarga i nosaltres ens quedem amb un rau-rau a l'estómac que no podem dissimular. Aconseguirà el nipó desplaçar Rivaül de la titularitat? Serà capaç d'aguantar partits de 280 minuts, com feia de juvenil? I el que és encara més interessant: prefigurava l'arribada d'Oliver Aton al Barça l'aterratge a les categories inferiors a l'estiu de 2009 de l'estrella periquita Jonathan Soriano?

31 / 100

CULERS I CATALANS SENSE SELECCIÓ NACIONAL PRÒPIA, QUAN JUGUEN AMB ESPANYA, TRIOMFEN

Als combinats estatals espanyols els ha anat bé cada cop que han vampiritzat el talent dels barcelonistes. La mostra més clara d'això és la consecució de l'Eurocopa de 2008 i l'elecció de Xavi Hernández com a millor jugador del torneig. En altres paraules: la primera Eurocopa en colors —n'hi va haver una altra l'any 64— de la Roja va ser conseqüència directa de la participació d'una representació nodrida de jugadors culers: Puyol, Xavi Hernández i Andrés Iniesta. Això per no parlar del jugadors procedents del planter culer, com el migcampista Cesc Fàbregas, el porter José Manuel Reina i el davanter Dani Güiza.

Caldria, però, remuntar-se a l'època daurada del Dream Team per recordar el desembarcament més massiu de culers a la selecció estatal. Al Mundial del 94 Javier Clemente va convocar ni més ni menys que nou blaugranes: Andoni Zubizarreta, Albert Ferrer, Ion Andoni Goikoetxea, Josep Guardiola, José Mari Bakero, Txiki Begiristain, Sergi Barjuan, Julio Salinas, Miquel Àngel Nadal. (Encara caldria afegir, com a curiositat, que dos jugadors més d'aquell equip, Luis Enrique i Julen Lopetegui, es van sotmetre més tard a la disciplina blaugrana.) Aquella fase final va acabar amargament als quarts de final. Qui no recorda que Luis Enrique va patir una agressió de Tassoti que quedà impune, un cop al nas que deixà l'asturià sagnant a raig, i que el contracop subsegüent va acabar amb gol dels *azzurri* i la classificació d'Itàlia per a les semifinals? Va ser al Mundial dels EUA, que es va adjudicar el Brasil de Romário precisament contra la Itàlia de Roberto Baggio i companyia.

Tornant als nostres dies, cal dir que la professionalitat dels jugadors culers és tan reconeguda que, després de l'Eurocopa de 2008, tres jugadors més han estat convocats pel nou seleccionador, Vicente del Bosque. Es tracta de Bojan Krkic, Sergio Busquets i Gerard Piqué —efectivament, el central que portava una bandera catalana estelada a la mà quan els blaugranes es van adjudicar la Copa del Rei que encetava el triplet de 2009.

Com fa la dita, "qui no té tall rosega els ossos". Així que, mentre a la selecció catalana li neguin el dret a existir fora dels partits de costellada, ens haurem de conformar que als blaugranes els vagin bé les coses, ni que sigui representant una altra selecció.

32 / 100

EL JUGADOR MÉS IMPORTANT EN LA HISTÒRIA DEL FUTBOL EUROPEU

Segurament per la seva ment deuen estar desfilant els noms de Cruyff, Beckenbauer, Platini o, per què no, Di Stéfano o Maradona, però portem una proposta distinta: Jean-Marc Bosman.

Si per a vostè el futbol és principalment això que ocorre durant noranta minuts i escaig en un terreny de poc més de cent metres de llarg per uns setanta d'ample, és probable que ni tan sols sàpiga de qui es tracta. Bosman és un modest jugador belga de la segona divisió, que va jugar durant els finals dels vuitanta i la dècada dels noranta. Un senzill treballador que, potser sense tenir-ho gaire clar, va canviar definitivament la història del futbol mundial.

Passa que el senyor Bosman, com la resta dels mortals, creia que no guanyava prou diners allà on treballava i que va buscar, com faria qualsevol altre, canviar d'aires. El seu patró en aquell moment va demanar una suma excessiva per deixar-lo en llibertat i, d'altra banda, qui havia de donar-li feina es va trobar amb limitacions legals pel nombre de futbolistes estrangers dintre del seu equip.

Bosman va interposar una demanda on posava negre sobre blanc que considerava una injustícia tant l'assumpte de posar-li un preu a la seva llibertat com a treballador, com la limitació del nombre de jugadors sense passaport nacional, quan ja feia un bon temps que a Europa regia el principi de la lliure circulació dels treballadors. O és que ell, com a futbolista, no era un treballador?

Va perdre la demanda, va insistir recorrent a les instàncies màximes de la justícia europea i, finalment, el 15 de desembre de 1995, a Bosman li van donar la raó: sí, un futbolista és un treballador, i els clubs no poden posar quotes al nombre de treballadors no nacionals, sempre que siguin europeus. Aquesta sentència va contribuir, com poques coses, al desmuntatge de les limitacions per a la contractació de jugadors estrangers en el futbol internacional i va ser la base del procés de globalització dels fitxatges que enriqueix el futbol europeu.

Aquest fet, encara que tingui detractors, ha estat una de les raons principals perquè, ara com ara, el futbol sigui l'esport rei (fins els nord-americans ja semblen resignats que ara és de debò).

L'obertura dels fitxatges, en tot cas, no impedeix als equips treballar sobre la base dels recursos locals, i el Barça, de nou, es converteix en una important referència: amb la meitat de la seva plantilla provinent del planter, es troba entre els clubs més coneguts del món i amb millor nivell de joc. I és que tot rau a aconseguir l'equilibri.

33 / 100

L'EFECTE BARÇA: L'UNIVERSAL DEL PARTICULAR

Si des dels seus inicis el Barça ha estat un símbol de Catalunya, com és que s'ha convertit en un dels equips de futbol amb més seguidors a tot el món? Revisem les possibles explicacions que això sigui així.

L'assumpte del catalanisme no existeix en els caps dels habitants de la major part del planeta (i quan se'n parla a les Espanyes, generalment no és gaire bé). Aleshores, no és aquest color català el que ha venut tan bé l'equip.

Els mèrits esportius? Sí, segurament en són una part important, però no ho expliquen tot, perquè hi ha equips amb estadístiques semblants que no arriben a la popularitat dels blaugranes.

La història? També, són molts anys de presència mediàtica internacional que han convertit l'equip en una referència de bon futbol, unit, per descomptat, al punt següent.

Joc bonic? Segurament un dels principals ingredients. El futbol del Barça, tradicionalment, és ràpid, arran de terra, vistós i, en les temporades bones, quan l'equip està inspirat, es té la sensació que els jugadors estan gaudint molt del joc (es fa difícil dir el mateix del futbol britànic o alemany).

Les estrelles? Sí, una bona cadena de figures internacionals, que va de des de Kubala o Maradona fins a Messi, passant per Rivaldo o Ronaldinho, ha ajudat molt al bon nom del club.

La imatge de marca? També, són importants els esforços que es fan per a donar a entendre que l'equip és una opció alternativa al model del capitalisme salvatge, que dóna suport a organitzacions internacionals i treballa amb esperit solidari.

Representar Barcelona? És un altre element important, perquè la ciutat, des de les Olimpíades de 1992, s'ha posat de moda i s'ha convertit en una destinació obligada del turisme a Europa.

La humilitat, l'esperit esportiu? Certament, també, perquè l'equip ha tingut cura de no aparèixer als mitjans amb actituds arrogants, prepotents o despectives, com de vegades ho fa el Reial Madrid (no van apujar el preu de les entrades després de declarar que el seu equip era "galàctic"? Xavalla, tot plegat, sabent que el valor de l'entrada no és el gruix de l'ingrés dels clubs internacionals).

Totes les anteriors? I d'altres més, òbviament, però el fet és que l'any 2009 ha estat la demostració que la recepta blaugrana té un gust perfecte que, a partir de productes del país (constància, esforç, perseverança, disciplina, humilitat, claredat d'idees), ha aconseguit elaborar un producte que agrada a tot el món.

34 / 100

EL BARÇA ÉS MÉS QUE UN CLUB

Hem sentit tantes vegades aquesta frase rotunda, el sentit de la qual ha estat escarnit pels nostres rivals fent referències absurdes a cases de barrets... Però qui n'és el pare? Quan la va dir? Amb quina finalitat?

La frase la patentà l'expresident del FC Barcelona Narcís de Carreras, predecessor d'Agustí Montal. Narcís de Carreras i Guiteras (la Bisbal de l'Empordà, 1905 – Barcelona, 1991) va ser escollit president del Barça el 17 de gener de 1968. Va ser llavors que, a la sala d'actes de Foment del Treball, en prendre possessió del càrrec, va parlar amb les mitges paraules a què obligava la dictadura sobre què representava el Barça: "Vinc amb l'entusiasme que vosaltres podreu demanar, perquè el Barça és alguna cosa més que un club de futbol, el Barça és més que un lloc d'esbargiment on els diumenges veiem jugar un equip. Més que totes les coses és un esperit que portem molt arrelat, són uns colors que estimem per damunt de tot."

Més tard, el 1973, la divisa es va convertir en l'eslogan electoral de la campanya de reelecció d'Agustí Montal i Costa: el Barça és "quelcom més que un club de futbol". Curiosament, com a lema electoral no va funcionar, perquè les eleccions les va guanyar Lluís Casacuberta.

Les arrels del "més que un club", però, són més fondes. Gamper, el 2 de desembre de 1908, va salvar el club de la dissolució i hi va afegir a l'objectiu fundacional, el de la pràctica esportiva, convertir l'entitat en un club catalanista al servei del país. Així va ser com el Barça va donar suport a la Mancomunitat (precedent de la Generalitat actual), a l'Estatut de Núria i a la candidatura de Barcelona als Jocs Olímpics.

Hi ha hagut altres episodis en què el Barça ha demostrat ser més que un club i, de fet, els estatuts vigents recullen l'esperit de Gamper, ja que l'article 4t cita com a segona finalitat del club "complementàriament, la promoció i la participació en les activitats socials, culturals, artístiques, científiques o recreatives necessàries per mantenir la representativitat i la projecció pública de què gaudeix el club, fruit d'una tradició permanent de fidelitat i servei als socis, als ciutadans i a Catalunya".

Un exemple d'aquesta vinculació és el fet que el capità porti el braçal de capità amb les quatre barres. El primer a fer-ho després de la dictadura va ser Johan Cruyff. L'Holandès Volador ho explica —és una manera de parlar— en una entrevista de 1976, un interviu en què fa gala de la seva capacitat de crear frases críptiques i agramaticals. Després de molta divagació acaba dient: "Perquè totes aquestes coses que t'he explicat no tenen res a veure amb el futbol. Per això és més que un club." Sembla raonable que el que entén un holandès també ho pugui entendre qualsevol persona entenimentada. Cruyff, a més, ja s'havia guanyat el cor dels culers en dir a la premsa europea que triaria abans el FC Barcelona que el Reial Madrid perquè no podria jugar en un club associat al dictador Francisco Franco. Una altra picada d'ullet a Catalunya va ser que bategés son fill amb el nom de Jordi, en català. Cal recordar que Jordi Cruyff va néixer el 9 de febrer de 1974, a les acaballes del franquisme, i que posar el nom del patró de Catalunya en català aixecava ampolles a la pell dels repatanis.

També a l'Estat espanyol el FC Barcelona ha estat percebut com a "més que un club" en diversos moments històrics. Els intel·lectuals i els polítics d'esquerra han tendit a ser del Barça pel seu paper de valedor dels drets i les llibertats democràtiques. Durant la Guerra Civil espanyola, el Barça va ser rebut durant la gira americana com a ambaixador de la República. Ja sota la fèrula franquista, durant la vaga dels tramvies del 1951, els culers es van comportar de manera exemplar: encara que plovia a bots i barrals després del partit a casa contra el Santander, els aficionats van sortir del camp i van marxar a peu cap a casa.

Hi ha qui diu que la frase històrica ha perdut sentit polític amb la recuperació de les llibertats democràtiques, però això equival a oblidar que el Barça és el principal club esportiu d'un país sense llibertats nacionals. Cert que ha emprès projectes solidaris arreu, però catalanitzar Catalunya és una missió que el Barça no ha descuidat i que no hauria pas de descuidar. En paraules de Laporta l'11 de setembre de 2009, a la marxa independentista de la Diada Nacional de Catalunya: "El Barça és també l'expressió de la identitat nacional, encara que admet tot tipus d'ideologia".

35 / 100

EL BARÇA ÉS L'EXÈRCIT DESARMAT DE CATALUNYA

És cert que el Barça va inspirar-li a Alberti un dels moments lírics més celebrats del futbol amb la seva "Oda a Platko", però cal reconèixer que el futbol és un esport eminentment èpic. Ho és per les victòries agòniques i per les derrotes patètiques. No debades el futbol adopta un lèxic guerrer i es parla de defensa i atac, de posar setge a la porteria rival, que el camp local és un feu, una fortalesa inexpugnable... En el terreny de les metàfores èpiques, el periodista i escriptor Salvador Sostres n'és el mestre absolut, qui més assíduament s'ha referit a l'entitat blaugrana com a l'exèrcit de Catalunya.

La frase exacta la va encunyar un altre periodista i escriptor, simpatitzant comunista però amb casa a Vallvidrera, Manuel Vázquez Montalbán: "El Barça és l'exèrcit desarmat de Catalunya." També va escriure frases en què feia equivaldre el Barça a "l'arma èpica d'un país sense Estat ni exèrcit" i va comparar les victòries del Barça a les d'Atenes sobre Esparta. I és que si s'assumeix que Catalunya és el marc referencial i Catalunya, una nació, no hi ha dubte que el Barça n'és l'exèrcit metafòric, un substitut necessari a falta d'alguna cosa millor. En paraules de Salvador Sostres: "Una desfilada militar és una enorme declaració d'intencions, de poder i de voluntat. I és normal que facis desfilar les tropes el teu dia nacional: tal com és normal, també, que facis desfilar el que sigui si no tens exèrcit." Per això són greus els actes d'alguns jugadors que ignoren o semblen ignorar, segons convingui, aquest potencial simbòlic. Tornem a donar la veu al periodista: "Catalunya, doncs, sí, pateix alguna i fins i tot moltes estranyeses pel fet d'estar ocupada. Una d'elles és el Barça, que és l'exèrcit metafòric de la nació, i no pas perquè ho digui jo, sinó perquè així ho han entès molts dels seus socis i aficionats, quan el club ha servit per vehicular sentiments i anhels que d'altra manera no podien vehicular-se. Pels motius que sigui, i que no cal entrar a valorar-los, el Barça s'ha convertit en una icona nacional, en un emblema d'unes esperances de plenitud de pàtria. El Barça és més que un club per això, perquè darrere no hi té només una afició, sinó tot un poble. La causa de tot un poble. És això el que diferencia el Barça dels altres clubs del món, i és això el que fa que quan el Barça guanyi s'imposi també una certa idea de llibertat. L'arrelament del club a la nació, la solidesa de les seves estructures i la potència empresarial i esportiva, no són de cap manera alienes a l'estranyesa del Barça i a les responsabilitats nacionals que estranyament ha d'assumir. Per tant, els contractes milionaris que el Barça pot pagar a Puyol i a Xavi vénen d'aquesta potència extra, d'aquesta estranyesa, i em sembla de molt mala educació i que va contra la naturalesa de qualsevol club que uns empleats es caguin en allò que la institució representa. S'hi pixin i s'hi caguin, «¡viva España!», i tal i tal." (Sostres fa referència amb aquestes paraules a l'eufòria verbal dels dos jugadors amb motiu de la consecució de l'Eurocopa de 2008.)

Una objecció massa fàcil de tombar és que es tracta d'un exèrcit compost per estrangers que no senten els colors, una colla de mercenaris. Però aquesta objecció oblida que el Barça té una pila de jugadors del planter i que els exèrcits més famosos també tenien mercenaris. O que potser no ho eren els grecs de Xerxes, les hosts del Cid, els almogàvers, els *condottieri* de les ciutats-estat de l'actual Itàlia o la legió estrangera francesa? I la guerra a l'Iraq? Que no hi ha els mercenaris de Blackwater fent una guerra patriòtica en nom dels EUA?

Aquesta dimensió que el Barça ha d'assumir de grat o per força ha costat algun disgust a la institució. A les semifinals de l'edició de la Copa Catalunya de 2008, Guardiola va decidir no desplaçar a Sant Carles de la Ràpita els millors jugadors. Els indocumentats habituals van parlar de "menyspreu" o de "manca de catalanitat". Però cedim novament la veu a Salvador Sostres perquè expliqui les prioritats del club: "On el Barça exerceix d'exèrcit de la nació és a la Champions, i duent la senyera cosida a la samarreta. Fins i tot la Lliga espanyola és secundària, un tràmit per accedir a l'única competició que importa." I encara diu en un altre lloc: "El Barça se la juga a Europa, com qualsevol gran equip modern. Igual que allà on Catalunya ha de guanyar la llibertat és també a Europa, i no a Masquefa." Així que es pot parlar més alt, però no més clar.

36 / 100

EL BARÇA LLUU LA BANDERA DE CATALUNYA

Molts van augurar que el fet que el Barça portés la bandera de Catalunya a la samarreta li faria perdre vendes, però ha estat exactament al contrari: el club ven més samarretes que mai. Els sectors més espanyolistes de l'entitat —que existeixen— no volien ni sentir a parlar de la inclusió de la bandera del país, però estaven equivocats de mig a mig.

La senyera vertical es va incloure a la part posterior de la samarreta barcelonista i al costat esquerre dels pantalons la temporada 2005-2006, amb Laporta a la presidència. La 2006-07 reproduïa el lema "més que un club" a la zona superior del revers de la samarreta, on la campanya anterior lluïa la senyera. En aquesta temporada la quadribarrada va passar a la màniga esquerra. La temporada 2007-08 la senyera i el lema "més que un club" van continuar formant part de l'equipació a la part posterior i al coll de la samarreta. La samarreta de la temporada 2008-2009 va passar a tenir la senyera horitzontal i allargada al clatell, amb un important afegit: la lletra de l'himne blaugrana a la part de dins. El 2 de maig de 2009 es va fer una edició de samarretes commemoratives de la final de la Copa del Rei de València, que va celebrar-se el dia 13, amb la senyera al centre del pit. En poques paraules: parlar del Barça és parlar de Catalunya i la seva bandera.

L'escriptor i periodista Salvador Sostres fa una glossa de què significa la fidelitat a l'oriflama en un article titulat significativament "Tornem a Múrcia?", publicat a l'*Avui* el 24 d'agost de 2006 i que extractem a continuació: "Quan més el Barça s'ha obert a Catalunya és quan el nostre futbol més ha brillat arreu del món. Com més el Barça s'ha aferrat al seu país, i més els jugadors i l'entrenador han après a parlar en català, més indiscutible ha estat la nostra superioritat. Pel que fa a la samarreta, fins i tot dins de l'administració Laporta hi havia qui s'oposava que hi figurés la senyera, com per exemple el vicepresident Ferran Soriano, amb l'argument que perdríem vendes a Extremadura o a Múrcia. Amb la senyera hem arribat arreu del món i som el millor equip del món i la samarreta més venuda del món. Tornem a Múrcia, Soriano? Tornem a Múrcia, que és allà on estàvem quan el club no es ficava en política i per tant érem Espanya? No hi ha provincianisme més extrem que renunciar a tu mateix, ni renúncia que més d'hora o més tard no condueixi al fracàs. L'única manera de projectar-se a l'univers és a partir de les pròpies arrels."

Aquesta aposta decidida per la identitat marca una frontera. És evident la diferència amb l'altre club de primera de la ciutat, l'Espanyol, alguns dels membres de la junta directiva del qual volien incloure el 2008 a la samarreta una bandera catalana més grossa que la del Barça. L'entitat periquita finalment va fugir d'estudi en decantar-se per la bandera de Sant Jordi, la de la ciutat (una creu roja sobre fons blanc), decisió que forçà la dimissió del tercer accionista de l'entitat, Antonio Martín.

Ara bé, que el Barça ha de fer un exercici de modèstia i reconèixer que mai no arribarà a la gosadia del València de Mario Kempes en els anys 70 i en dates recents, el 2004, la segona equipació del qual era una senyera enorme amb molt de blau. Ara, que la quadribarrada en format tota la samarreta sí que és present als camps de futbol gràcies a la Unió Esportiva Sant Andreu, presidida per l'inefable expresident barcelonista Joan Gaspart.

37 / 100

EL BARÇA ESTÀ A FAVOR DEL CATALÀ

Amb la presidència de Laporta, el FCB s'ha catalanitzat més que mai. N'és una mostra significativa el fet que el Barça TV, que se sintonitza amb la TDT, té tota la programació només en aquesta llengua. En altres temps d'acomplexament s'hauria fet d'una altra manera per no semblar massa catalans, cosa tan ridícula com si l'Ajax hagués de dissimular que és holandès o l'Albacete que és espanyol.

Un altre fet rellevant és que els himnes del Barça sempre han estat en català. Ho està l'actual, el Cant del Barça que tots coneixem, estrenat el 27 de novembre del 74, dins dels actes del 75è aniversari de l'entitat. (La lletra l'havien escrit Josep Maria Espinàs i Jaume Picas, i la música la va compondre Manuel Valls, estret col·laborador de Lluís Llach en discos tan recordats com *Verges 50*.) Però també ho estava el primer himne de l'entitat, el de l'any 23, amb lletra de Rafael Folch i Capdevila i música d'Enric Morera. La lletra de l'himne de l'Espanyol de l'any 75, en canvi, està en castellà. També l'himne del 83. No és fins al 97 que els de Sarrià adoptaren el català a l'himne.

A més d'això, el Barça fomenta la literatura catalana amb la participació a l'activitat "Lletres, al camp!", que s'ha celebrat ja cinc vegades des de 2005, coorganitzada per la Institució de les Lletres Catalanes (ILC) i la Fundació FC Barcelona. El 22 d'abril de 2009, coincidint amb el Barça-Sevilla, va tenir lloc una nova acció de promoció de les lletres catalanes inclosa dins del Pla de Foment de la Lectura que impulsa el Govern, tot coincidint amb la Diada de Sant Jordi. Es va editar un opuscle que aplegava 11 autors i es va distribuir al camp. Els escriptors, a més, van ser rebuts a la Sala VIP de la Llotja del Camp Nou minuts abans de l'inici del partit. Aquesta acció en pro de la lectura és possible perquè el FC Barcelona i la seva Fundació són conscients que, el Barça, "més enllà de l'estricta activitat esportiva, representa uns valors cívics, nacionals i culturals", de manera que ha d'"oferir-se com a caixa de ressonància d'aquells moments o fets que millor encarnen aquests valors".

El Barça també està implicat en la reivindicació de la unitat de la llengua arreu dels territoris de parla catalana, com demostra el fet que Joan Laporta forma part de la comissió promotora d'una Iniciativa Legislativa Popular (ILP) anomenada "Televisió sense fronteres" i que pretén, entre altres coses, la correspondència en les emissions entre Canal 9 i TV3. Aquesta ILP, que necessita aplegar en 9 mesos 500.000 signatures a tot l'Estat per tirar endavant, té a la comissió promotora personalitats rellevants del món de la política (Jordi Pujol, Pasqual Maragall, Fèlix Pons), de la cultura (Carles Santos, Manuel Vicent), de la llengua i la literatura (Salvador Giner, Pere Gimferrer), de l'art (Antoni Tàpies), de la religió (l'abat de Montserrat i l'abadessa de Vallbona de les Monges), de l'associacionisme (Jordi Porta, Eliseu Climent) i de l'esport (Daniel Sánchez Llibre).

Finalment, i entre moltes altres accions de foment del català que podríem esmentar, hi ha el fet que la primera opció d'idioma a la pàgina web és el català (d'esquerra a dreta hi són presents també l'espanyol, l'anglès, el japonès, el xinès, el coreà i l'àrab), de manera que es dóna prioritat a una llengua minoritzada tot posant-la en peu d'igualtat amb grans llengües de cultura. A més, no caldria ni dir-ho, l'extensió de la pàgina oficial del club, *www.fcbarcelona.cat*, adopta amb desacomplexament el domini .cat (domini no territorial, perquè si no tindria dues lletres, però que identifica la llengua i la cultura catalanes).

38 / 100

EL BARÇA DÓNA SUPORT A LA MÚSICA CATALANA

La revista *Enderrock* sintetitzava el que ha passat en els 20 últims anys en la música en català amb el concepte següent: "Del rock català al pop català". Tots guardem a la memòria els temps en què van sortir a escena i van triomfar grups com Sopa de Cabra, Sau, Sangtraït, Lax'n'Busto o Els Pets (aquests dos últims encara segueixen en actiu). L'escenificació del triomf del rock en català té una data simbòlica: el 1991 van actuar al Sant Jordi quatre de les bandes esmentades —totes menys Lax'n'Busto— davant de 22.000 persones, xifra que suposa el rècord europeu d'assistència en un recinte cobert. Queda enrere aquella febrada, però avui dia una nova fornada de músics que utilitzen el català com a vehicle d'expressió ve trepitjant amb força, uns músics que majoritàriament no fan rock, sinó pop. Una de les irrupcions esdevinguda amb més força ha estat la de Manel, el primer disc dels quals, *Els millors professors europeus*, la revista *Rockdelux* el va classificar com a tercer millor disc de l'Estat espanyol de l'any 2008.

Fins fa quatre dies, aquesta presència de la música en català al Camp Nou semblava reservada a la prèvia dels partits de la selecció nacional de Catalunya. Per exemple, el 28 de desembre de 2001, va amenitzar l'espera del Catalunya-Xile una llista impressionant de grups i solistes: Gossos, Lax'n Busto, Pep Sala (ex de Sau), Brams, Doctor Calipso, Antònia Font, Quico el Célio i Gerard Quintana. Amb l'arribada de Laporta, però, ha estat el Barça qui ha promogut més assíduament aquesta presència de cantants al coliseu blaugrana. És clar que no parlem de grups amb la capacitat de convocatòria d'U2 o Bruce Springsteen, però qui canta en català ja assumeix que el seu auditori natural és més reduït que el dels cantants en anglès.

Van obrir el foc Gossos al Gamper de 2003, i aquell mateix any van actuar al Camp Nou Lax'n'Busto (20 de setembre) i l'eurovisiva Beth (el 6 de desembre de 2003 hi va cantar quatre temes en castellà abans del "Cant del Barça"). I així podríem seguir fins a l'infinit: Roser a la prèvia del partit contra el València del 5 d'octubre de 2003, Gisela el 9 de novembre de 2003, Pep Sala novament al Gamper de 2004... Molts *triunfitos*, sí, però també els grups més assenyalats del rock català i les noves fornades del pop català.

A més dels dies de partit, les celebracions dels triomfs blaugranes també han servit per a la promoció de les estrelles de la música en català. A la festa del doblet de 2009 (prèvia a la del triplet, per si no sonava la flauta), hi van cantar l'Elèctrica Dharma, Pep Sala amb Mònica Green i Manu Guix.

Així doncs, que la promoció de la música en la llengua del país, per bé que no és l'objectiu principal del FC Barcelona, n'ha esdevingut un beneficiari inesperat.

39 / 100

EL BARÇA ÉS CATALUNYA

Aquesta afirmació és una evidència fins al punt que circula la paraula maleta Barçalunya per referir-se al matrimoni entre l'entitat blaugrana i el país. En un territori sense Estat, al qual alguns li discuteixen l'entitat de país simplement perquè no saben llegir el diccionari, en un país sense selecció nacional, un equip de futbol ha de carregar amb funcions que no li pertoquen: la de selecció nacional que no fa partits de costellada i la d'exèrcit de la nació en són dues.

Que el Barça és Catalunya ho demostra que mai no es diu "Visca el Barça!" sense afegir "I visca Catalunya!", perquè una i l'altra són una mateixa cosa. Així doncs, dir "Visca el Barça i visca Catalunya!" és una redundància, és fer dos visques a l'equip de futbol i dos al país.

Sempre hi ha qui surt amb la mentida que cal no barrejar política i futbol. Són els mateixos que no s'han llegit l'Estatut i s'entesten a dir Lliga "nacional" a l'espanyola, com si Espanya no s'assemblés més al Regne Unit (on Escòcia, Gal·les i fins i tot Irlanda del Nord tenen selecció pròpia) que a un estat nació més indiscutible, a l'estil de Portugal. Els qui diuen que no s'ha de barrejar política i futbol són els mateixos que no es pregunten per què els Raptors de Toronto (Canadà) juguen a la NBA, Lliga dita "nacional" (National Basketball Association) dels EUA. Els que diuen que no s'ha de barrejar política i esports veuen les Olimpíades i no es pregunten per què no hi és la bandera del Tibet, ni arriben a capir que la raó és la mateixa que explica que no hi sigui la de Catalunya.

La relació entre el Barça i Catalunya no sempre és plàcida, perquè un no sempre s'entén amb si mateix. Encara que superficialment hi ha divergències amb el que pensen els autors d'aquest llibre, paga la pena citar un article d'Alfred Bosch del 12 de febrer de 2009 referit a la necessitat que TV3 i el Barça arribessin a un entesa econòmica per a la retransmissió dels partits, sobretot per evitar que Tele-5 seguís emetent els partits dels blaugranes. Sembla raonable que Tele-5, que es va adherir al "Manifiesto por la lengua común" en contra de les llengües de l'Estat diferents del castellà, una de les cadenes que tenen 0 hores d'emissió diàries en català, no sigui l'encarregada d'emetre els partits del Barça. Bosch es preguntava qui feia el favor a qui, si el Barça al país o a la inversa: "A molts ens fa trempar que cada èxit blaugrana sigui una festa d'estelades, i que un gran triomf ens porti a les portes retòriques de la independència. Però la crua realitat és que el Barça juga a la Lliga espanyola, i que el seu repte més excitant no és ser el millor dels europeus, sinó derrotar, esclafar i humiliar el Reial Madrid. Podem dir que el seu extrabonus d'identitat, condensat en gols, ens apropa a una nació més lliure? I si el préstec d'energies pàtries només servís per omplir una vitrina i unes arques?".

També sobre la relació entre el club i el país, que són la mateixa cosa, Francesc Canosa reflexionava a *El Singular Digital* sobre la gran mentida que marcar perfil catalanista és un error estratègic del club, com mantenen alguns nuñistes irredempts i altres espècies en vies d'extinció: "El Barça triomfador és un Barça català, que sap estar al món sense complexos, amb la nostra identitat, parlant idiomes. Hi ha vida més enllà del castellà, o del pastanagil. És casual tot això? La Catalunya catalana construeix la Sagrada Família i encara viu d'això. Aquesta Catalunya sempre acaba aixecant la copa. La de la cadira de bova, de congelat d'oferta, t'asseu. Catalunya necessita que l'esperit del Barça ens acompanyi, ens posseeixi, ens morregi, ens magregi. Com sempre ha fet en els moments decisius de la nostra història."

En fi, que si el Reial Madrid va ser reconegut l'any 2007 com a Embajador Honorario de la Marca España pel Foro de Marcas Renombradas Españolas, atès que es tracta del "club de futbol espanyol més conegut per la seva trajectòria d'èxits internacionals i projectar una imatge d'Espanya com a país de primer nivell en l'àmbit de l'esport"; si el Madrid és tot això, dèiem, el Barça és una altra cosa. El Barça és, recordem-ho, més que un club. El Barça és Catalunya.

40 / 100

NO PASSARAN

Això vam dir, i encara que al final sí que van passar, realment no van arribar a entrar-hi. Tot i que al principi, al novembre de 1899, el Barça va tenir un nom anglès i es va pensar simplement com a entitat esportiva, no va trigar a emparar-se en el tradicional antagonisme que ha existit des de fa uns quants segles entre Barcelona i Madrid.

Poc abans de la Primera Guerra Mundial, el Barça ja era una de les organitzacions més populars de Catalunya, amb dues Copes d'Espanya i tres mil socis que canalitzaven la seva necessitat de diferenciació a través del seu equip (preguntin als seus rebesavis i veuran).

La dècada següent va ser la primera època daurada del Club, però no és d'això que volem parlar ara, sinó justament del cas contrari, dels anys foscos.

El primer episodi va tenir lloc el 1925, durant la dictadura militar de Primo de Rivera, quan l'estadi de les Corts, gairebé acabat d'inaugurar, l'orgull del Futbol Club Barcelona, va ser tancat durant sis mesos per una petita entremaliadura dels barcelonistes: xiular burletes alguna melodia oficial, ja se sap, una fotesa, coses de nois, el cabell llarg, l'esperit lliure, la guitarra i la rebel·lia.

Però això no va ser res en comparació amb el que va venir després: el suïcidi de Gamper (30 de juliol de 1930), un dels patriarques del Barça, després de la crisi econòmica, i després, durant la Guerra Civil, l'assassinat pels facciosos del president del club, Josep Sunyol, que esdevingué el president màrtir de l'entitat. Al final de la guerra, el Barça, que havia arribat als onze mil socis, només en tenia pocs més de dos mil.

Per destruir la imatge alternativa que el Barça transmetia com a club, les autoritats franquistes en van prendre el control: van designar-ne el president a dit, van castellanitzar el nom de l'equip (que va passar a dir-se Club de Fútbol Barcelona), van modificar-ne l'escut i van fer el que van poder per dissoldre el seu poder aglutinant. No obstant això, els culers, en silenci, sabent que no hi ha mal que duri cent anys, ni cos que no el pugui resistir, van aguantar. A poc a poc van recuperar el terreny perdut i van aconseguir remuntar l'equip, primer des del punt de vista esportiu i després, intel·ligentment, convertint el club i els partits en espais de resistència contra la dictadura, donant origen a la idea que ara és el seu lema, "el Barça és més que un club", expressada per qui en va ser president, Narcís de Carreras.

Si mirem a 600 quilòmetres de distància, què es pot dir: una llarga i còmoda complicitat amb el poder, no importa que sigui il·legítim, dictatorial, o que violi els drets humans. Només va haver-hi un episodi lleugerament molest durant la Segona República: el nom Reial va ser suprimit, però va ser reincorporat en començar el franquisme, mal que els pesi als qui volen esborrar els episodis —més aviat el serial de capítols— més tristos dels blancs.

41 / 100

GOLEJAR AMB MANERES

Al novembre del 2007 la branca de les Nacions Unides dedicada a l'educació, la promoció de la ciència i la cultura (UNESCO) va signar un acord amb el Barça per tirar endavant projectes comuns; es tracta, segons la mateixa organització, de crear sinergies amb entitats civils amb les quals comparteixen valors.

El fet que hagi estat el Barça l'equip signant és un indici clar de la línia que la seva directiva vol seguir per afermar la imatge de marca del Club. Aquí no es tracta d'un acte publicitari buit, perquè hem vist que, la temporada següent, a la Lliga de futbol professional espanyola, el Barça va guanyar també com a equip amb el joc més net (el Reial Madrid, per citar algun equip a l'atzar, va quedar com un dels pitjor classificats de la llista).

Hi ha, darrere de moltes de les decisions que guien els blaugranes, signes de voler fer les coses bé; és a dir, de sotmetre's a valors que la majoria dels humans considerem positius, constructius, dignes d'encomi.

D'entrada, la mateixa personalitat jurídica del Club (és una fundació) diu molt sobre les seves finalitats últimes (no reparteix beneficis, no hi ha un grup d'inversionistes darrere manejant l'equip com una empresa, cosa que sí que passa amb el Reial Madrid). El fet de deixar les donacions en mans d'organitzacions "neutrals", és a dir, que no responen als interessos d'un col·lectiu particular, adscrites a les Nacions Unides, és un altre signe clar de la seva intenció de no posar-se del costat de grups amb interessos definits: hi ha molta política darrere de la major part de les oenagés i fer donacions, per exemple, a una organització manejada per l'Opus Dei, per grups antiglobalització, o per jesuïtes, ja implica una presa de partit. I finalment, l'exercici sobre el terreny de joc de pràctiques de joc net, treball en equip, solidaritat i respecte mutu acaben de presentar el quadre d'un club que s'esforça, sincerament, per donar un bon exemple.

El millor de tot, ho repetirem encara un altre cop, és que el Barça ha demostrat que tenir èxit no va en contra de respectar les regles i fer les coses bé, contràriament al que semblen voler donar-nos a entendre els qui dissenyen les idees bàsiques de la nostra cultura.

42 / 100

DIGUE'M QUIN CLUB USES I ET DIRÉ QUI ETS

El rerefons tribal de molts esports (sobretot d'equip) ha estat extensament estudiat i discutit. Per altra banda, el mateix espectacle esportiu guarda un fons bèl·lic que l'acompanya des dels seus orígens; per exemple, els primers esports eren exercicis militars: córrer, llançar javelines, saltar, etc. Una ciutat-estat grega amb bons esportistes era, presumiblement, apta per a la guerra, i això li donava a l'esport un caire polític que, després de moltes voltes, continua present avui dia.

Els Jocs Olímpics van ser, durant anys, un altre camp de batalla durant la Guerra Freda, i des que aquestes competicions es van crear en temps moderns, són una exhibició del poder dels Estats.

El futbol no s'ha escapat d'aquesta dinàmica, encara que s'ha encarregat de sublimar els conflictes interns (d'aquí la importància de les lligues estatals). En el Mundial, amb la superioritat de sud-americans i europeus enfront de les grans potències, l'assumpte geopolític pràcticament ha quedat fora de joc (i això li dóna encant: la sorpresa, moltes vegades, és veure dalt els petits, encara que al final mai no guanyin).

El fet és que el vincle que desenvolupen molts individus amb els clubs de futbol de la seva localitat sembla més fort que la resta d'opcions de pertinença a grup, incloent el mateix sentiment patriòtic. Al seu torn, els clubs han entrat en aquesta dinàmica, de vegades per raons comercials, de vegades per qüestions més complexes (els problemes del Barça amb el franquisme vénen d'una voluntat sincera d'enfrontar-se a la dictadura, no d'una estratègia de màrqueting).

En l'actualitat, amb la globalització, tota aquesta història comença a remoure's. Si abans la fidelitat a un equip de la ciutat o la regió on es naixia estava feta a prova de derrotes o de descensos a segona divisió, ara sembla normal adscriure's també a una esfera superior, és a dir, a un dels grans clubs internacionals. Aquesta bigàmia permet seguir amb entusiasme totes les competicions on l'equip local no té accés, i continuar patint les alegries i frustracions típiques de tot aficionat com cal.

Però hi ha encara un element afegit, un element que, des dels ulls dels tradicionalistes, sembla sinistre: l'arribada dels clubs sense identitat local, fabricats, des de l'inici, per atacar els mercats internacionals. Sabem, per exemple, que el Chelsea té el seu estadi a Londres però, això realment és important perquè ens agradi? Sentim alguna afinitat amb l'oest de la capital anglesa? Jo vaig saber que era un lloc *in* fa poc, quan per casualitat hi vaig arribar passejant; abans, realment no tenia idea de què hi havia. Aquest tipus de clubs fabricats in vitro per guanyar diners escombren els sentiments de pertinença a un lloc o una història per transformar-los en pertinença a una imatge de marca, aquesta que, per als directius del club, és la que millor ven (moltes vegades certa idea d'èxit ràpid, de superioritat arrogant, molt d'acord amb el neoliberalisme regnant abans de la crisi). És, potser, l'essència de la globalització com s'entén des de dalt: un món de marques sense fronteres nacionals.

El Barça, molt catalanament (o sigui, en silenci però amb insistència), presenta enfront d'aquesta visió, aparentment victoriosa, la seva alternativa: globalitzats sí, però amb consciència solidària i preservant la identitat local. I el millor de tot és que sota aquesta filosofia ha aconseguit derrotar tots els grans.

43 / 100

ELS DIMONIS

Així com hi ha un principi immemorial que estableix que, per a les Copes del món, una vegada guanya Europa i la següent, Amèrica, a la Lliga sembla haver-hi un altre principi que resa: si el Barça està bé, el Reial Madrid està en crisi, i al revés.

Per descomptat, potser som nosaltres que interpretem les coses deformant-les i exagerant-les, però sí, sembla haver-hi una constant: quan els uns funcionen, els altres, no.

Normalment les grans rivalitats es donen entre subjectes que es troben al mateix nivell, i en aquest cas ho estan, només que no coincideixen en el temps.

Si mirem les èpoques daurades (revisant títols de Lliga) d'ambdós equips, trobem el següent: la primera edat daurada del Barça va de mitjan anys quaranta a mitjan anys cinquanta. La segona edat daurada s'estén durant la primera meitat dels anys noranta. I el que sembla l'inici d'una tercera edat daurada, des de mitjan aquesta dècada fins a, esperem, l'eternitat. La història del Reial Madrid mostra una llarga primera edat daurada que va des de la segona meitat dels anys cinquanta fins a, pràcticament, els anys vuitanta. Una segona edat daurada a la segona meitat dels vuitanta. I un període d'alternança, durant els anys recents. L'Atlètic de Madrid, l'Athletic de Bilbao i el València tendeixen a omplir els forats que hi queden lliures.

Per què, a diferència d'altres lligues, el primer i segon lloc no passen d'unes mans a unes altres cada any? Es poden pensar moltes coses, però si no volem culpar-ne els dimonis, val la pena buscar raons més terrenals.

Seguint la trajectòria del Reial Madrid, i coneixent la seva habitual proximitat (no només geogràfica) al poder polític, és gairebé normal que el club blanc hagi tingut una ratxa llarga mentre ocupava el govern la dreta (des que el franquisme es va assentar fins que la transició democràtica va ser un fet). El seu segon període de bonança coincideix amb la *movida* madrilenya i l'inici de la conversió d'aquesta ciutat grisa i beata que va ser Madrid durant el franquisme, en una ciutat moderna i seductora. El tercer període se sobreposa a l'abast d'aquesta realitat: el Madrid d'avui és un lloc vivaç, enèrgic, amb serveis públics moderns i un fort tuf de progrés (almenys, fins a l'arribada de la crisi).

El Barça, per la seva banda, va prosperar a la postguerra europea (quan el règim de Franco caminava aïllat i afeblit, i les potències occidentals no acabaven de decidir què fer-ne); va llanguir durant la fèrria dictadura, i va ressorgir, com un vistós Fènix, a l'època de les Olimpíades, quan Barcelona va guanyar fama merescuda com a capital europea. Actualment, en aquesta ciutat ambigua a la qual va cantar encertadament el Gato Pérez, entre un cosmopolitisme galdós de suposats ciutadans del món borratxos de nacionalisme banal i la nostàlgia del fang, el Barça es converteix en una referència d'universalitat.

Per sort, a l'Europa actual, els dimonis de la guerra i de la tirania han desaparegut (o s'amaguen a les borses de valors, però aquesta és una altra història); i per això, segurament, per a un equip amb tradició llibertària com el Barça, les coses, en el futur, no li poden anar malament.

44 / 100

NOSALTRES NO HEM TINGUT CAP GURUCETA

La paraula basca *gurutz* vol dir *creu*. El plural de *gurutz* és *gurutzeta*. I això és el que va ser Emilio Guruceta Muro per al barcelonisme: una veritable creu. Fins al punt que al Camp Nou, quan no agradava un àrbitre, força cops s'havia corejat un "Guruceta, Guruceta!".

Emilio Guruceta va ser el col·legiat més precoç a debutar a Primera Divisió, amb 27 anys (temporada 1969-70). Aquell curs, un 6 de juny de 1970, es va disputar al coliseu blaugrana un Barcelona-Reial Madrid de quarts de final de Copa. Rifé va tirar a terra el madridista Velázquez a tres metres de l'àrea i Guruceta xiulà penal. El Barça el van eliminar per culpa del col·legiat, a qui el Col·legi d'Àrbitres va sancionar durant 6 mesos i l'entitat blaugrana va recusar fins a l'any 85. Guruceta es va retirar el 21 de febrer de 1987 després d'un partit Espanyol-Mallorca de Lliga a Sarrià i quatre dies després va morir en un accident de trànsit a Fraga (Osca).

Però encara hi ha un altre escàndol arbitral que a la Casa Blanca, amb mirada esbiaixada, veuen com una gesta esportiva. Es tracta de l'abús a Chamartín que va portar el Barça a perdre 11-1 contra el Reial Madrid. Va ser un fatídic 13 de juny de 1943, a la tornada de la Copa del Generalísimo. El Barça havia guanyat a casa per 3-0 a les Corts en un partit en què la grada, segons recorda Àngel Mur pare, havia estat molt descontenta amb el joc dur del madridista Moleiro. "Uns periodistes van publicar unes cròniques exagerades que, a la tornada, van escalfar l'ambient. El públic ens va rebre de mala gaita." El problema, però, no va ser el noble sac de gemecs, sinó un altre instrument força més prosaic: el xiulet. El Reial Madrid n'havia regalat un a cada espectador amb l'entrada, i els xiulets es van utilitzar de manera contínua durant el partit. Però l'hostilitat no es va aturar aquí: al porter Miró no van deixar de llençar-li objectes, cosa que va obligar que s'avancés molts metres de la porteria. Xiulada contínua i llençament d'objectes davant de la passivitat arbitral. No és estrany que els gols comencessin a ploure. Per si fos poca cosa, al costat de la banqueta, un oficial de la Guàrdia Civil exclamava a cada gol: "¡Perros catalanes, rojos separatistas!" Àngel Mur s'hi va enfrontar i el van detenir fins que el president blaugrana, el marquès de la Mesa de Asta, hi va intervenir. Tot això, recordem-ho, enmig d'un partit de futbol.

No és estrany, doncs, que del minut 28 al 44 el Barça encaixés 7 gols, que sumats al de Pruden al minut 6, feien els 8 amb què es va arribar al descans. El cop de gràcia havia arribat quan, amb un 2-0, van expulsar el barcelonista Benito. Citem textualment de la crònica de *La Vanguardia* del 15 de juny de 1943, dos dies després del partit:

> Alonso pasa a Pruden, pero al mismo tiempo Benito comete una falta fuera del área. Pruden sigue con la jugada y remata hacia la red. El árbitro anula el tanto y castiga la falta, expulsando a Benito. El golpe franco consiguiente motiva un lío frente al marco que Barinaga lo aprovecha para apuntarse el tercer tanto. A los 33 minutos, puede decirse que se había acabado el partido.

Davant la possibilitat que els barcelonistes es plantessin al vestidor, un coronel va amenaçar-los amb la presó si no tornaven a sortir al camp. Aquesta és, agradi o no, la vertadera història d'un triomf infame que a Realmadrid.com han invocat cada cop que ha calgut recórrer a l'èpica de les remuntades.

Quant a Enrique Piñeyro de Queralt, marquès de la Mesa de Asta, afecte a Moscardó i president per decisió de les autoritats, va dimitir de forma irrevocable després dels incidents. El va succeir Josep Vendrell (1943-1946), un coronel de l'exèrcit que havia fet la guerra al costat de Franco, i també designat per les autoritats franquistes. Una de les prioritats del seu mandat va ser "recuperar les bones relacions amb els organismes federatius i esportius del règim, que s'havien deteriorat considerablement arran de l'escàndol de Chamartín" (citem de la pàgina web del FC Barcelona). Per la seva banda, un dels primers actes per tornar a la normalitat del flamant president blanc Santiago Bernabéu (va sortir escollit el 15 de setembre) va consistir a invitar formalment el Barcelona a restablir l'harmonia entre clubs. Ja se sap que Santiago Bernabéu era un home de pau, com demostra el fet que va desfilar el gener de 1939 per la Diagonal, amb les tropes victorioses de Franco. I és que amb 42 anys s'havia fet voluntari del bàndol facciós i havia entrat a Catalunya com a caporal a la Divisió 150 del cos d'exèrcit de Navarra.

En fi, que els favoritismes arbitrals i polítics no són una quimera, fruit d'una ment catalana malaltissa, sinó una de les tres potes, juntament amb el favoritisme polític i econòmic, sobre les quals s'assenta la primacia blanca a la Lliga.

Qui pensi que exagerem, que mediti un moment per què el Reial Madrid va fitxar l'exàrbitre Carlos Megía Dávila el setembre de 2009. Megía Dávila va fer com diu el bolero, "si tú me dices ven, lo dejo todo": estava de baixa com a col·legiat i va plegar en rebre l'oferta. En acceptar aquest càrrec ja ha quedat prou clar per què va guanyar les temporades 2007/08 i 2008/09 el trofeu Guruceta al millor àrbitre.

45 / 100

EL CAMP NOU, UN CAMP AMB CINC ESTRELLES UEFA

El Camp Nou és dels pocs estadis europeus catalogats com a "cinc estrelles" per la UEFA. És normal per a un equip com el Barça, la seu del qual és capaç d'hostatjar 98.787 persones, cosa que el converteix, a més, i per davant del Wembley Stadium, en l'estadi amb més capacitat d'Europa. La seu que és l'orgull de tots els barcelonistes —com ho seria dels seguidors de qualsevol equip de futbol del món— va costar 288 milions de pessetes, es va edificar sota la direcció de l'arquitecte Francesc Mitjans i té un terreny de joc de 105 per 68 metres.

Quins criteris té la UEFA per adjudicar les cinc estrelles a què no tots els clubs poden aspirar? (Per exemple, el camp de Cornellà-el Prat de l'Espanyol, inaugurat el 2 d'agost de 2009, en té quatre per manca de capacitat.) Una llarga llista, però hi destaca que tots els seus seients siguin individuals i amb respatller, que no estigui envoltat per una fossa, una distància mínima de sis metres entre el terreny de joc i la primera fila de seients i, com no podia ser d'altra manera, vestidors de primer ordre per als dos equips i per al cos d'àrbitres (moblats, espaiosos i nets).

No obstant això, aquests requisits no tenen a veure només amb l'Estadi. La ciutat que acull un estadi "cinc estrelles" ha de disposar d'un aeroport internacional capaç de plantar cara a la gran demanda addicional d'una final de la UEFA (capacitat de fins a seixanta vols xàrter al dia, a part dels vols regulars). Una capacitat hotelera adequada d'almenys mil habitacions de cinc estrelles (per a la Lliga de Campions) o cinc-centes per a la Copa de la UEFA —a part d'allotjament suficient de diferents categories, és clar— és un altre dels requeriments necessaris que ha de tenir la ciutat que acull un estadi d'aquesta categoria.

La veritat és que el Camp Nou, que va succeir l'antic estadi de les Corts perquè el camp es quedava petit per al Barça de Kubala, ha estat a l'altura des de la seva inauguració, el 24 de setembre de 1957, dia de la Mercè, patrona de Barcelona.

Així, el Camp Nou, parlant només d'esdeveniments esportius, ha acollit l'Eurocopa de 1964, la Copa Mundial de Futbol de 1982, la Final de la Lliga de Campions de la UEFA 1988-89, els Jocs Olímpics de Barcelona 1992 i la Final de la Lliga de Campions de la UEFA 1998-99. Això només si es tenen en compte els actes esportius, perquè entre els altres l'estadi del Barça ha acollit concerts de Frank Sinatra o, fins i tot, una missa de Joan Pau II. Se'n pot demanar més?

46 / 100

EL TERRENY DE JOC ÉS MÉS PETIT PERQUÈ ELS NOSTRES JUGADORS SÓN MÉS TÈCNICS

El terreny de joc del Camp Nou fa 105 x 68 metres: prou perquè els jugadors arreglin una passada defectuosa o converteixin una jugada mal trenada en una ocasió de gol. Perquè el futbol del Barça és futbol sala, futbol de sala d'espectacles, s'entén. No hi ha cap mena de dubte que el Barça és un equip que la toca bé. Històricament, a Can Barça sempre hi ha hagut predilecció pels jugadors amants del tiqui-taca: Kubala ("La para amb el cap, l'abaixa amb el pit, l'adorm amb l'esquerra", que va cantar Serrat), Quini, Maradona, Romário (el de la cua de vaca a Rafa Alkorta), Rivaldo (autor d'una xilena *in extremis* que va valer una classificació per a Europa), el mag Ronaldinho i l'hereu i reencarnació del crac argentí Maradona, el jove Messi. En paraules de Johan Cruyff, podríem dir que, de mig camp endavant, sempre hi ha hagut "bien peloteros".

L'equip de la capital, en canvi, necessita més camp per córrer i les dimensions del terreny de joc se'n va als 106 x 70, no fos cas que el davanter no arribés a una pilotada d'un centrecampista sobrat de múscul però mancat de talent. Un camp més llarg perquè no es notin tant les passades de la mort que es prodiguen al camp de l'etern rival (passades de la mort, en el vocabulari de Míchel, són aquelles en què el davanter es mata a córrer a una pilotada i al final no hi arriba). Al cap i a la fi, tot s'explica per una qüestió de valors futbolístics: a casa nostra s'aprecia la qualitat mentre que altres clubs privilegien una hipotètica entrega a l'equip o altres intangibles de difícil demostració empírica.

Tot això es pot resumir en una manera de ser, en una manera d'entendre el futbol, en una filosofia. "Córrer és de covards", va dir feliçment *Charly* Rexach, el Noi de Pedralbes. Ni córrer perquè sí ni la floritura innecessària: a Can Barça el que triomfa és l'utilitarisme de la bellesa.

47 / 100

EL BARÇA ÉS L'EQUIP QUE ATREU MÉS PÚBLIC

Dades de la UEFA revelen que el Barça és el club que més atreu el públic en deu anys de Lliga de Campions. No només ha estat el més vist en partits jugats a casa, sinó també fora. El Barça, en competicions europees, ha tingut una mitjana de 58.505 espectadors, mentre que d'altres equips —se suposa que grans— com el Reial Madrid, tan sols en tenen una mitjana de 47.033. Però el Barça no només supera els blancs, sinó també altres conjunts de tanta importància com el Manchester United o el Bayern de Munic.

Les estadístiques de la UEFA deixen clar que, en les set edicions de la Champions League en les quals havia participat fins al 2002, una xifra impressionant de 3.861.353 havien presenciat en directe els seixanta-sis partits que els blaugranes hi havien jugat. Amb una notable diferència sobre els seus seguidors immediats (els clubs abans citats, Manchester i Bayern de Munic, o el Reial Madrid amb els seus neogalàctics i no sé quantes Copes d'Europa): el Barça és també el líder en els partits a casa. La mitjana en aquest cas és de 74.835 afeccionats, bastant per sobre dels 61.678 que van a congelar-se a l'Olímpic de Kíev, els 57.571 que van a Old Trafford (Manchester), els 54.724 de l'Olímpic d'Atenes o els 53.731 que segueixen al Reial Madrid al Santiago Bernabéu.

L'atractiu que desperta el Barça per tot el món, i els rècords d'entrada que el seu estadi registra, tenen a veure tant amb l'ànim dels seus seguidors com amb les possibilitats del Camp Nou. Un estadi on ara hi caben 98.787 persones (totes assegudes, és clar), i que va néixer el 1957 per la necessitat d'acollir tot el públic que volia assistir —en viu i en directe— als partits del Barça de Kubala i companyia, i que no cabia a l'antic estadi de les Corts, malgrat que comptava amb 60.000 localitats. Ja des del seu naixement, el Camp Nou va comptar amb 90.000 espectadors, una fita que el va convertir en un dels més grans del món. No hi ha dubte que aquells que van encarregar de construir-lo tenien visió de futur i l'avenir que li esperava al Barça, un equip que en l'àmbit esportiu no decep i que, pel que fa al seu públic, menys encara.

48 / 100

MÉS I MILLORS (ÉS A DIR, ELS MÉS MILLORS)

Si fem cas de les xifres que ofereixen els clubs (en aquest cas no hi ha millor exemple de "fonts generalment ben informades") quant al seu nombre de socis, resulta certament notable observar la diferència numèrica de les masses socials: mentre el Reial Madrid dóna una xifra que en números rodons s'acosta als 92.000 socis, el Barça arriba a més de 163.000, pràcticament el doble. Una diferència prou eloqüent com perquè s'hagi d'admetre que qualsevol intent de justificar-la sigui una tasca dura i difícil. Mundialment, només se situa per davant en nombre d'abonats el Benfica (171.000), i el Manchester n'és el tercer (151.000). I abans d'arribar al Madrid cal tenir paciència, ja que és el vuitè i el precedeixen el Bayern de Munic (146.000), el Porto (115.000), l'Internacional de Porto Alegre (100.000) i l'Sporting Clube de Portugal (96.000).

Alguns s'afanyaran a dir que són dos sistemes diferents, amb diferències de preus en els abonaments, amb diferències també en el que s'aconsegueix per aquest preu, etcètera. Tot això és admissible, però, en definitiva, la pregunta és: quantes persones poden exhibir el seu carnet de soci d'un o un altre equip? Senzillament, el doble del Barça que del Madrid. El que no siguin números són foteses, excuses de mal pagador i ganes de justificar l'injustificable.

D'acord, entesos, dirà algú, però el que importa és la qualitat, més que la quantitat. Cert. Però quin aficionat demostra ser de millor qualitat? Que no ho és qui es rasca la butxaca cada any per mantenir el carnet de soci del club que s'estima amb deliri, encara que no acudeixi al camp? No denota això una gran diferència qualitativa, sobretot quan resulta que són els catalans els que tenen fama de no menjar per no cagar (o, com diuen allà, *ser más agarrados que un chotis*)?

En conclusió, en l'univers d'ambdues aficions, el Barça pot demostrar que dobla el Madrid en seguidors de qualitat: cosa que els fa guanyar, una vegada més per golejada, també en quantitat.

49 / 100

NI PICASSO NI DALÍ, EL BARÇA!

"Picasso és un gran pintor, jo també; Picasso és espanyol, jo també; Picasso és comunista, jo tampoc." Això deia Salvador Dalí, que veia els dòlars amb molt bons ulls i no es preocupava d'amagar-ho, cosa que li va valdre que Bréton el titllés d'Avida Dollars fent un anagrama amb les lletres del nom del geni empordanès. Fama i fortuna... Podia arribar a imaginar Dalí, alguna vegada, que el museu d'un club de futbol tindria més visites que el seu mausoleu a Figueres o el museu del seu competidor, Pablo Picasso? Ell, que tant va estimar el pop i va jugar tota la seva vida a ser estrella, a no desaparèixer dels mitjans, segurament hauria trobat la manera de treure-li profit a l'assumpte, inventant algun projecte conjunt, alguna col·laboració. El fet és que avui dia més d'un milió i mig de persones visiten el museu del Barça cada any, un fenomen únic al món.

No es tracta només d'un lloc de peregrinació per als fanàtics del club, sinó que s'ha convertit, també, en una de les referències turístiques obligatòries de Barcelona (així com el Louvre a París o l'Estàtua de la Llibertat a Nova York). A què és deguda aquesta raresa?

D'una banda, a la bona imatge que té el club per tot el món: encara que no t'agradi el futbol tens la idea que el Barça és una mica bo; encara que no en vegis els partits, has rebut la seva imatge, t'han arribat els valors que el club transmet: solidaritat, interculturalitat, bon rotllo. Així que si el teu xicot està boig per anar al museu del Barça, per què no l'hi acompanyes?

D'altra banda, la Fundació FC Barcelona s'ha preocupat per oferir un espai que barreja els aspectes netament futbolístics, com els trofeus, els audiovisuals i el material esportiu, amb objectes d'art i curiositats relacionades amb l'esport, des d'antiguitats fins a petits objectes inversemblants, a més de les exposicions temporals que abasten temes diversos on el futbol no n'és necessàriament el subjecte principal; a això se li suma l'accés al mític Camp Nou, que tots, alguna vegada, hem vist per la tele.

Què hi trobem, en canvi, si mirem cap a l'etern rival? Un museu que copia la idea del Barça, que recull objectes relacionats amb el Reial Madrid, però amb menys de la meitat de visites a l'any. Tractant-se del contrincant tradicional, amb una història futbolística gairebé tan brillant com la de l'equip català, no és gran cosa.

És clar, hi ha una gran diferència entre la imatge que transmeten ambdós clubs, i la del Barça s'ha difós molt millor fins i tot sense usar els trucs mediàtics del Reial Madrid, trucs matussers com, per exemple, fitxar els jugadors més cars, oblidant que el rendiment del passat no és una garantia de futur. I si algú ho dubta, que l'hi pregunti a un inversor de borsa.

50 / 100

INTEL·LECTUALS COM RAFAEL ALBERTI O ARTISTES COM GARDEL HAN ENALTIT EL BARÇA

Que el Barça al llarg de la seva història ha estat admirat i enaltit per persones de gran rellevància és una cosa que sap tot el món. Un exemple seria Rafael Alberti i el poema que dedicà a la gesta del porter Platko a la final de Copa de 1928 entre el Barça i la Reial Societat, jugat a l'estadi del Santander. Un partit que —encara que sembli inversemblant— va presenciar l'immortal intèrpret de tangos Carlos Gardel, el qual, a sobre, va cantar durant la celebració de la victòria. Pel seu valor testimonial, esportiu i històric paga la pena recordar la trobada.

El primer partit entre ambdós equips es juga el 20 de maig a Santander i acaba en empat a un gol. Dos dies més tard tornen a empatar, encara que Ràdio Barcelona, que no emet en directe el partit (un partit que milers d'afeccionats segueixen des de l'estadi de les Corts a través d'una pissarra mòbil), en la pífia més monumental de la seva història, dóna el Barça com a guanyador. I encara que rectifica al cap de pocs minuts i explica que el pròxim partit es jugaria dijous vinent, milers de culers celebren la suposada victòria del Barça.

La duresa de l'equip basc (i els cops de culata de la Guàrdia Civil, que entra al vestuari blaugrana per intercedir en un xoc entre seguidors de la Reial Societat i algun jugador del Barça) fa que diversos jugadors en surtin lesionats, entre ells Platko, la gesta del qual cantarà Rafael Alberti a la seva coneguda "Oda a Platko".

El 29 de juny, Barça i Reial Societat disputen un tercer partit, que finalment guanya l'equip blaugrana. La celebració del triomf és apoteòsica, tal com explica Rafael Alberti: "A la nit, a l'hotel, ens reunim amb els catalans. Es va entonar «Els Segadors» i es van onejar banderoles separatistes. I una persona que ens havia acompanyat a Cossío (autor de la cèlebre enciclopèdia taurina) i a mi durant el partit va cantar, amb veritable encant i mestratge, tangos argentins. Era Carlos Gardel."

51 / 100

BARÇA MÉS ENLLÀ DE LA MORT

Els seguidors del Barça no es conformen amb estar assabentats de la marxa del seu equip només en vida, ni volen deixar-lo a l'estacada un cop han traspassat. La vertadera fidelitat la demostren aquells que volen ser enterrats en columbaris al Camp Nou i d'altres com la família de Pere Serra Ginjaume, mort el 1988, que informa el difunt de la situació del Barça mitjançant la publicació d'esqueles.

Quant a la primera informació, cal dir que encara que nombrosos seguidors han volgut que s'escampessin les seves cendres a la gespa de l'estadi blaugrana, aquests particulars oficis funeraris no s'han dut a terme perquè la gespa en podria sortir mal parada, ja que les despulles mortals incinerades contenen una alta concentració de fosfats. D'altra banda, tampoc no és un enterrament gaire ortodox i no es tracta de fer com a *El gran Lebovski* i tacar de cendra la cara de ningú, si un cop d'aire esventés les restes mortals.

Quant a la segona informació, cal dir que la família publica cada 14 de febrer, dia dels enamorats i de la mort d'en Pere Serra Ginjaume, traspassat als 71 anys, una succinta informació sobre la marxa de l'equip blaugrana. L'any 98, van enviar-li un missatge torbador. Coincidint amb derrotes del Barça, li van escriure una esquela al diari *La Vanguardia* que deia: "Entre tots estan fent un zoo." Es referia, és clar, a la junta directiva i a l'equip tècnic. Una altra de 2001 també va haver de plànyer la delicada situació: "Hem tingut un traïdor afectivament. A vegades toquem el cel i d'altres som com titelles. T'estimem i no t'oblidarem." No es tracta d'una endevinalla. Malgrat que les traïcions als blaugranes sovintegen, la d'aquell any va ser de ben sonada: es tractava del portuguès Figo, que va marxar al Madrid després que hagués lluït el braçal de capità del Barça.

Una altra esquela de 2003 també es refereix a les circumstàncies del moment: "Encara que en tenim la dimissió, pot ser que un equip quasi de segona guanyi la Copa d'Europa. Aquest any, sí. T'estimem i no t'oblidem." Es referia a la dimissió de Gaspart, anhelada per tants seguidors. També n'hi havia hagut de molt més falagueres, com la del 92. Tres mesos i escaig abans que el Barça guanyés la Copa d'Europa i la Lliga a Wembley, la família va publicar un concís "Aquest any sí. T'estimem i et recordem".

Encara podríem aportar una altra dada curiosa. A casa nostra, en els enterraments, el tercer tema més demanat als conjunts que toquen en viu és el "Cant del Barça". Només el *Cant dels ocells*, elevat a himne per Pau Casals, i l'*Ave Maria* de Schubert tenen tantes peticions.

Tot això, evidentment, no és fanatisme. D'això se'n diu fidelitat als colors. Fanatisme és el del taxista seguidor de l'Espanyol que no va recollir Zambrotta quan aquest tornava fet caldo de Nova York amb l'excusa: "Sóc de l'Espanyol i a un jugador del Barça no el porto."

52 / 100

EL NOSTRE HIMNE NO ENGANYA

Entre les raons que ajuden a l'hegemonia mundial blaugrana, l'assumpte de l'himne no és secundari. L'himne culer és, sens cap mena de dubte, molt superior al dels seus competidors. Molt superior al sobrevalorat "You'll never walk alone" que entonen els seguidors del Liverpool a Anfield Road i, no cal dir-ho, que el xotis que entonen a can Bernabéu.

Tot això per diverses raons. Primer, perquè el del Barça no és un himne compartit per cap altre equip. Els seguidors del Liverpool s'entusiasmen amb la lletra lacrimògena d'un musical estrenat a Broadway el 1945, de títol *Carrusel*. Richard Rodgers i Oscar Hammerstein II en són culpables. Però és que aquesta cançoneta que va arribar a cantar fins i tot Frank Sinatra, el *You'll never walk alone*, també és l'himne del Glasgow Rangers. Tothom és lliure de destrossar-se la vida com vulgui, però fer-se d'un equip que té un himne compartit, que parla de les aloses i que s'ha arribat a utilitzar en un anunci de llet és una de les maneres més segures d'acabar abocat al fracàs vital.

En canvi, l'himne del Barça és només del club blaugrana i, malgrat que està escrit en una llengua petita, amb una mica de voluntat s'entén fins i tot al Japó. Si més no, així ho va demostrar un grup de nadius de l'Imperi del Sol Naixent a la gira de 2004, corejant-ne la lletra en un català més que acceptable. Així doncs, no hi pot haver l'excusa que no s'entén. A part que sempre existeix el recurs al *playback* a la manera dels Milli Vanilli (aquells cantants que no cantaven, cosa que, d'altra banda, és força comuna). De totes maneres, i perquè no hi hagi excuses inversemblants per no cantar del tipus "és que no tinc connexió a

Internet", l'himne surt estampat al revers de la part posterior del coll de la samarreta blaugrana des de la temporada 2008.

D'altra banda, cal valorar la qualitat de l'himne actual del Barça, obra de Jaume Picas i Josep Maria Espinàs, escriptor i periodista encara en actiu, Premi d'Honor de les Lletres Catalanes. En canvi, si analitzem qualsevol altre himne triat a l'atzar, el del Reial Madrid, per exemple, què hi trobem? Una colla de bestieses sense parió. "Limpio y blanco que no empaña": de què parlem, de futbol o d'un netejavidres? "Noble y bético adalid": com que bètic? Que els bètics no van de blanc i verd? No emboliquem la troca. I què redimonis vol dir aquell "adalid" que, tot rimant amb "lid", fa enyorar rimes d'institut guixades a les carpetes com ara "contigo iría al Polo Norte en pantalones de deporte"? Quant al *chulapo* "las mocitas madrileñas", s'explica sol: fa venir vergonya aliena! La història diu que aquesta lletra es va gestar als tovallons de paper d'un restaurant anomenat La Rana Verde. I, és clar, les imprudències s'acaben pagant. Perquè quan a Can Barça s'utilitza un tovalló, és per fer-li un contracte a Messi, que per menys no s'hi posen.

En resum, que el "Cant del Barça", amb una lletra que crida a la concòrdia de tots aquells que, arribats del nord o del sud, se senten agermanats por una bandera, no pot sinó despertar adhesions.

53 / 100

ENTRE UNA SAMARRETA I L'ALTRA NO HI HA COLOR

És cosa sabuda per tot el món, i si vostè no ho sap aquí som nosaltres per explicar-l'hi, que els colors tenen influència sobre els humans. Estudis recents i no tan recents, universitats americanes i russes, saviesa ancestral: tots semblen estar-hi d'acord. Mentre no aparegui una teoria millor, els colors arriben als nostres ulls com llum que vibra amb diferents longituds d'ona, cosa que els fa diferents. I aquestes vibracions actuen sobre nosaltres de forma també diferent.

Fins aquí, tot formidable, però, anant al que de veritat ens interessa: com actuen sobre jugadors i afició els colors del nostre equip? Quin significat tenen? Valoren tot això els dissenyadors de samarretes? Vegem-ho.

El blau, el color del mar i el cel, s'associa a virtuts com la tranquil·litat, la lleialtat, la intel·ligència, l'harmonia, l'amistat. Un bàlsam per a cos i ment, amb propietats relaxants. Algú diria que representa, en certa manera, el seny.

El grana, vermell fosc. Color de la sang. Representa la passió, la força, el valor, la determinació, fins i tot l'agressivitat, que sempre dins dels límits esportius és realment una virtut, i fins i tot el perill: el vermell ens fa més temuts. Per a alguns autors representa, com a complement al blau, la rauxa.

Què pot oposar a totes aquestes virtuts, a aquest prodigiós equilibri entre raó i passió, entre sang freda i calenta, el Reial Madrid? El blanc. El blanc, el color del no-res. També, siguem justos i científicament imparcials, la llum i la perfecció, això no està malament, cal reconèixer-ho. El blanc és la pau. El blanc és innocència. També el blanc significa puresa, bondat, virginitat..., virtuts de la vida beata, apreciables sens dubte, però poc o gens futbolístiques, siguem clars.

Així, per a un madridista, sentir els colors, sentir el blanc, és sentir la virginitat, és portar per bandera la innocència, el color amb què s'ha representat des de sempre els àngels, per a desesperació d'Antonio Machín. Àngels blancs que, sigui dit de passada, tot el món sap que no tenen sexe, és a dir, collons.

I això a la nostra cultura cristiana, és clar, però no és sobrer esmentar que a Orient el blanc és senzillament el color de... la mort.

54 / 100

EL DERBI FILOLÒGIC

Arriba el moment d'abordar les paraules que la tradició ens ha llegat per donar nom a cada una de les aficions en lliça. *Culer* i *merengue*. Per començar, no ens queda més remei que apuntar una dada no precisament banal. Pel que fa a les obres en castellà, la Reial Acadèmia Espanyola s'ha vist obligada a acceptar, finalment, la paraula *culé*, present en la vint-i-tresena edició del seu diccionari (el DRAE), com a adjectiu el significat del qual tots coneixem, i que, a més, *ú. t. c. s.*, és a dir, que s'utilitza també com a substantiu (no en volies dues tasses?). Cal dir que ja hi és present a la mateixa obra l'accepció de *merengue* com a seguidor del Madrid. Què ocorre al ban contrari, en aquest cas, l'idioma català? Doncs que, si bé la paraula *culer* (aquesta és la grafia normativa catalana) apareix al Diccionari de l'Institut d'Estudis Catalans (el DIEC), la traducció de *merengue*, *merenga*, significa només "dolç fet amb clares d'ou batudes a punt de neu i sucre i cuit al forn". O el que és el mateix: la paraula *merenga* com a designació de seguidor del Reial Madrid, contràriament al que ocorre en castellà amb *culer*, no és coneguda ni té prou entitat com per ser inclosa al diccionari. Interessant, veritat?

Però seguim amb l'estudi d'ambdues paraules. Si atenem a l'origen d'ambdós termes, la hipòtesi més plausible pel que respecta a *culer* ens diu que a l'antic camp de les Corts, que pel que sembla s'omplia sempre que jugava el seu equip, els aficionats havien d'asseure's sobre el mur exterior del camp, de manera que, des del carrer, els transeünts el que veien era tota una fila de culs recolzats sobre el citat mur. I per això els seguidors del Barça van ser anomenats *culers*, paraula que sovint s'ha escrit de manera errònia *culés*, bé per castellanisme o bé perquè així és com es pronuncia el mot a tot Catalunya.

El terme *merengue* té —salta a la vista— menys llegenda: el blanc de les samarretes del Madrid es va associar al blanc del dolç, fet, com ja sabem, de sucre i clara d'ou. Escassa imaginació la del madridisme, que no va saber lligar la forma d'anomenar la seva afició més que amb la merenga, producte altament popular en una època, però que és una cosa que no té cap altra substància que la seva extremada dolçor, embafadora, repel·lent, buida, enganxosa... En fi, res a veure amb les rodoneses d'un bon cul, sigui aquest masculí o femení, que no entrarem aquí en distincions sexistes, i l'afició pel qual no només és una constant del bon humor, clàssic, català, sinó que, podem demostrar-ho, ha generat manta literatura i ha servit de font d'inspiració a grans i petits artistes durant segles i segles.

55 / 100

EL MISTERI DELS COLORS

Sobre el color blanc del Reial Madrid, francament, es poden dir poques coses perquè, què es pot dir d'un color que és la suma de tots els altres? Doncs que és el color perfecte per a una persona variable, que tant li fa carn que peix, que li és igual una cosa que una altra. És el color ideal per a un giracamises.

El cas és que, pel que fa al blau i al grana del Barça, existeixen diverses línies d'investigació sobre per què són els que històricament ha lluït el FC Barcelona a la samarreta.

La versió més creïble és la que assenyala que va ser Joan Gamper, el fundador del club, qui en va decidir els colors. De fet, està comprovat que en el primer partit que va jugar Gamper a Barcelona, abans de la fundació del Club, ja va usar un casquet amb els colors blau i grana.

Fins fa poc s'especulava que el més lògic era que escollís aquestes tonalitats perquè són les del FC Basilea (FC Basel en alemany), equip suís en el qual es creia que Gamper havia jugat en el passat i del qual havia estat capità. Tanmateix, el testimoni de descendents de Gamper, com en Manel Gamper, apunten que el fundador del Barça mai no va tenir res a veure amb aquest club helvètic. El que sí que podria ser és que algun club suís d'atletisme o ciclisme, esports que Gamper va practicar, portés aquests colors.

Una segona versió relaciona el blau i el grana amb els de l'escut del cantó suís de Ticino. I és veritat que l'escut partit els té, però la relació de Gamper amb Ticino és més aviat tangencial: hi vivia Rosa, una de les seves germanes. A més, Gamper era suís alemany i Ticino és un cantó suís italià.

La tercera versió parla dels colors dels llapis de comptabilitat que hipotèticament un dels assistents a la reunió fundacional sostenia entre els dits. Tocava triar colors per a l'equip i es van decidir pel que tenien literalment més a mà. És una versió possible, però poc probable.

La quarta hipòtesi fa entrar en joc la mare del directiu i jugador Carles Comamala, dissenyador de l'escut del club de 1910, les línies bàsiques del qual són les actuals. Segons aquesta teoria, la Sra. Comamala va repartir unes faixes blaves i granes entre els futbolistes, unes faixes que es posaven a manera de cinturó per distingir els jugadors i, de pas, aguantar-los els pantalons.

Recentment s'ha plantejat una nova hipòtesi que indica que els colors provenen del sud d'Alemanya, concretament de Heidenheim, el poble natal d'Otto Maier, un dels fundadors del club.

En canvi, si hem de fer cas de Frederick Witty, descendent d'un altre fundador del club, la versió és que eren els colors una mica més enfosquits de Merchant Taylors, una escola anglesa on havien estudiat alguns dels pioners.

Per si no fos poc cacau, el març de 2009 es va fer pública una setena possibilitat: l'origen maçònic dels colors. Aquesta hipòtesi la defensa Xavier Casinos, periodista i autor del llibre *Passejades maçòniques per Barcelona*. Segons Casinos, no hi ha evidències que això sigui així, però sí indicis que apunten en aquest sentit. I és que a la Biblioteca Arús del passeig de Sant Joan hi penja un quadre signat per D'Artagnan en el qual hi ha els colors blau i grana. Si a això hi sumem que un dels membres de la lògia de Rossend Arús va ser parent de Joan Gamper, fundador del Foot-ball Club Barcelona, i que també va participar en la fundació del club, les coincidències ja no ho semblen tant.

Al capdavall, doncs, set versions on triar i remenar.

56 / 100

L'ESCUT MUTANT

El primer escut del Foot-ball Club Barcelona era l'escut de la ciutat on l'entitat va néixer. Aleshores l'escut de Barcelona era quarterat: dos quarters amb la creu de Sant Jordi i dos quarters més amb dues barres vermelles sobre fons groc (una quadribarrada convenientment escapçada per les autoritats). Sobre l'escut hi havia una corona per sobre de la qual estenia les ales una rata pinyada, evolució de la víbria, una mena de drac mitològic que ara té, en el món del futbol, l'escut del València. L'escut era envoltat per dues branques, a l'esquerra de llorer i a la dreta, de palmera.

L'any 1910 l'escut va adoptar un disseny de Carles Comamala, jugador i directiu del club. L'escut ja tenia llavors el perímetre en forma d'olla que conserva en l'actualitat i molt semblant al de la major part dels escuts dels clubs suïssos. Diuen que això de comparar l'escut amb una olla és perquè, durant la reunió caòtica en què s'havia de decidir la forma i contingut de l'escut, Lluís d'Ossó, secretari del club, va exclamar visiblement enfadat: "Això és una olla!" (de grills, s'entén). A l'interior presenta, a la part superior esquerra, la creu de Sant Jordi (vermella sobre fons blanc) i a la part dreta, els quatre pals vermells verticals sobre fons groc de l'escut de Catalunya. Una cinta horitzontal amb les inicials del club (F.C.B.) separa la part superior de la inferior, que és més ampla, i abasta tot l'escut de banda a banda amb ratlles blaves i granes verticals i una pilota de futbol sobreposada.

El disseny bàsic de 1910 s'ha mantingut fins a l'actualitat, si bé a la dècada dels quaranta els quatre pals vermells van ser substituïts per ordre governativa per només dos, amb la intenció que no s'hi identifiqués la senyera. El 1949, però, aprofitant els actes del 50è aniversari de l'entitat, es tornà a l'antic disseny amb quatre barres. Un altre canvi a què va obligar el franquisme va ser a la castellanització del nom del club, que passà a dir-se Club de Fútbol Barcelona. Les sigles de l'escut, doncs, van deixar de ser F.C.B. i es van transformar en C. de F. B.

L'últim retoc fins ara va tenir lloc l'any 2002, quan el dissenyador Claret Serrahima va estilitzar-ne algunes línies, va catalanitzar les sigles del club (s'escriuen sense punts: FCB i no F.C.B.), es van ajuntar aquestes inicials i es van reduir el nombre de puntes de l'olla. Amb aquests canvis, l'escut és més fàcil de reproduir en tots els formats.

Si viatgem cap a altres països, el canvi que crida més l'atenció —és una adulteració que el club no admet que sigui permesa— és la substitució de la creu de Sant Jordi del primer quarter de l'escut als països islàmics. A països com Aràbia Saudita o Algèria, les samarretes que es venen a les botigues canvien la creu per una banda vertical vermella sobre fons blanc. I és que en aquells països es considera que la creu recorda els templers i les croades. A més, també es pensa que és una exhibició intolerable de la superioritat racista de la religió cristiana.

Deia algú amb sorna que cada cop es fa més difícil ser fidel als colors d'un club que van canviant cada any (es referia als canvis de disseny de les samarretes temporada rere temporada). En tot cas, amb canvis de detall o substancials, l'afició al Barça també seguirà fidel als colors de la seva samarreta i del seu escut, encara que els canviïn un xic.

57 / 100

EL BARÇA HONORA LA GENT GRAN

El respecte a la gent gran és un dels actius del Barça, com demostra el fet que els veterans sempre hi han tingut un paper rellevant. Laszi Kubala va presidir la Fundació Barça Veterans, Nicolau Casaus i els seus puros van ser la imatge amable del nuñisme, i Sir Bobby Robson, l'Avi, va ser l'entrenador pont més estimat de tots els temps (una Recopa, una Supercopa d'Espanya i una Copa, en només una temporada, la 96-97). Tal vegada, però, el que millor exemplifica l'admiració per la gent d'una certa edat és el fet que una icona del barcelonisme sigui la figura de l'Avi del Barça, una personificació del Futbol Club Barcelona que l'any 2004, en ocasió del 80è aniversari de la seva creació, va ser objecte d'una exposició al Museu del FC Barcelona, el més visitat de Catalunya.

L'Avi del Barça o l'Avi Barça és un personatge rodanxó, calb i amb barba blanca creat pel dibuixant Valentí Castanys i Borràs (Barcelona, 1898-1965), col·laborador abans de la guerra de revistes com *El Be Negre* i *La Veu de Catalunya*, i després del conflicte, d'*El Mundo Deportivo* o *Destino*. El personatge va aparèixer per primer cop el 29 d'octubre de 1924 a la revista d'humor esportiu *Xut* i, dècades després, es va convertir en una estàtua. L'escultura de l'avi del Barça la va crear Josep Viladomat i Massanas (Manlleu, 1899 – les Escaldes, 1989), un seguidor artístic d'Arístides Maillol i els escultors grecs. L'escultura havia de col·locar-se al Camp Nou, però finalment, el 24 de setembre de 1972, coincidint amb el 15è aniversari de la inauguració de l'estadi, l'Avi Barça es va instal·lar definitivament al jardí exterior de la Masia. Entre el públic hi havia el president del club, Agustí Montal, i Elena Fornells, viuda de Castanys. També es va descobrir una làpida en record de Josep Samitier, es va celebrar una missa solemne i es van ballar sardanes.

L'encarnació de l'Avi del Barça va tenir lloc al trofeu Joan Gamper de l'any 1984, que es va jugar contra el Boca Juniors i el Bayern de Munic al Camp Nou. Aquell dia un seguidor del Barça, Joan Casals, va disfressar-se de l'Avi del Barça, cosa que segueix fent fins a l'actualitat. Casals és soci de la Penya Blaugrana de Guardiola de Berguedà, on viu i té un restaurant anomenat, com no podria ser d'altra manera, El Racó de l'Avi. L'any 1992, quan el Barça va aconseguir la seva primera Copa d'Europa a Wembley, Casals va prometre que s'afaitaria la barba quan els blaugranes aconseguissin un segon trofeu. La promesa va trigar a materialitzar-se, però la va haver de complir el 10 de juny de 2006, tres setmanes després que el Futbol Club Barcelona guanyés novament la Lliga de Campions davant de l'Arsenal.

Joan Casals, tal i com tradicionalment s'ha caracteritzat l'Avi del Barça, vesteix amb samarretes culers dels 60 i 70, amb cordons al coll, i uns pantalons també antics. També porta sempre la tradicional barretina i una bandera del Barça. Ficat en aquest personatge, acut a tot d'actes de penyes barcelonistes i és una imatge culer entranyable.

El 2008 Joan Casals va ser objecte d'una polèmica absurda deguda al fet que Marí Dalmases, president del Casal de l'Avi Barça, denunciava que "un senyor" s'havia atribuït el nom de l'Avi Barça. Des del mateix moment que va esclatar la polèmica, les penyes van tancar files al voltant de la personificació de l'Avi, a qui unànimement titllaven d'humil, senzill i amable. Una persona amb seny, una simbiosi perfecta entre persona i personatge.

58 / 100

MOLTÍSSIMS SOCIS, ENCARA QUE SE'N VA ANAR EL PRIMER

El Futbol Club Barcelona és, per filosofia, un club obert, popular; la seva història, el seu prestigi i el Camp Nou li han permès acumular el nombre de socis més alt del futbol de l'Estat espanyol i fins i tot del món. Ha sobrepassat els 163.000 socis a finals de la temporada 2008-09 i, perquè ens fem a la idea de la magnitud de la xifra, el seu rival clàssic, el Reial Madrid, en comptabilitza si fa no fa la meitat.

Per què aquesta enorme diferència? Un fet anecdòtic pot ajudar a entendre-ho. Al març de 2009 va morir el soci amb el carnet número 1 del Futbol Club Barcelona; tenia gairebé noranta anys i, com és lògic, era un aficionat absolut de l'equip. Però la seva passió no és el que ens interessa ara, sinó el seu ofici: no era polític, ni membre d'una de les grans famílies de la burgesia catalana, ni actor de teatre (quan s'hi va donar d'alta com a soci no hi havia televisió), ni res que pogués significar-lo com a "home important". Era un senyor que va dedicar la seva vida al seu treball, a la indústria tèxtil, i a la seva família; és a dir, un petitburgès sense cap condecoració al pit. La pregunta és: com és que el soci número 1 del club de futbol que a hores d'ara és el més important del món estava en mans d'un home comú? La resposta és contundent: perquè aquest club, des dels seus inicis, ha tingut vocació popular i no s'ha emborratxat d'èxit. La directiva del Barça sap quina és la seva base, qui sostindrà l'equip en els temps bons i en els dolents, amb qui es pot comptar de totes totes. Un apunt interessant: encara que la major part dels socis són, lògicament, residents a Catalunya, un percentatge significatiu viuen a altres llocs de l'Estat espanyol i, cada vegada més, s'hi inscriuen com a socis els estrangers (un 17% dels nous inscrits al llarg de l'última temporada, per ser exactes). En conclusió, el missatge que ens arriba de l'equip és que es tracta d'una entitat catalana, però oberta, i que el multiculturalisme es dóna tant als vestidors com a les graderies.

Ara bé, i ja al marge del futbol, el Barça ha de ser modest i cedir a casa nostra la primacia en nombre de socis a un altre club molt menys antic i format per caganius, nens, nenes, nois, noies i adolescents. I és que el club amb més socis de Catalunya és... el Club Súper 3!

59 / 100

EL JUGADOR NÚMERO 12

L'afició del Barça, els culers, la culerada, és una afició molt especial. No és especialment fanàtica, sinó més aviat freda i crítica amb l'equip. Un estudi universitari fet a Anglaterra comptabilitzava les vegades que un afeccionat a un club de la Premier League pensava al dia en el seu club. Els homes hi pensaven de mitjana 80 cops, és dir, una vegada cada 12 minuts de les 16 hores de vigília. Els més fanàtics van resultar els del Sheffield United, que hi pensaven 110 cops al dia; els de l'Everton, a l'altre extrem, només hi pensaven 43 cops. Cal dir que el Sheffield United no és un club especialment brillant: va guanyar l'equivalent de la Premiership la temporada 1897-98 (efectivament, al segle XIX) i para de comptar. Malgrat això, té una afició de ferro colat. Si es fes aquest estudi a Can Barça, els resultats segur que serien decebedors.

Perquè la culer és més una afició que cal escalfar que no una afició que doni escalf i caliu. Quan l'equip rutlla, és sorollosa; però quan els jugadors no acaben de jugar amb precisió, un murmuri s'apodera de les graderies, un ai, mare meva de desconfiança que no és el millor per animar l'equip. L'excés de zel de l'aficionat culer té la base en el fet que és un entès en futbol, que ha vist a l'estadi jugadors que la tocaven com els àngels o equips ben greixats com el Dream Team i que, per tant, no es conforma amb una pilotada a seguir. Però les coses podrien ser molt pitjors. Podrien ser com a la Casa Blanca.

Un dels 100 millors jugadors vius de la història, l'internacional francès Robert Pirès, explicava en una entrevista concedida a Cayetano Ros (*El País*, 6.6.2007) per què no va voler fitxar pel Reial Madrid l'any 2000 tot fent una comparació amb el Marsella.

P. Què li va passar al Marsella?

R. La primera temporada, bé, anàvem segons a un punt del Bordeus, i vam perdre la final de la UEFA contra el Parma. Però la segona, vam perdre molts jugadors i va començar la merda. Els afeccionats allà són molt agressius i pesats. I per això no vaig fitxar pel Madrid, perquè sabia que era el mateix, i no volia que es repetís. Vaig escollir l'Arsenal.

P. Creia que l'afició madridista era igual que la marsellesa?

R. Sí, si no passes bé la temporada, et maten. Volia més tranquillitat i la tenia amb els anglesos i amb Arsène Wenger.

Tal vegada aquesta manca de tranquil·litat ha estat la motivació principal perquè també el tècnic francès hagi romàs amb els *gunners* en comptes d'anar al Reial Madrid, atret per la morterada que li oferia Florentino Pérez. En fi, que és simptomàtic que aquests dos francesos prefereixin el futbol anglès al polvorí blanc.

60 / 100

LA VOLTA AL MÓN EN 80 PENYES

Només cal fer un cop d'ull a *www.penyesblaugrana.com* per adonar-se que el tema de la globalització del Barça és un assumpte que va de debò. La major part dels països europeus tenen, almenys, una penya blaugrana; als Estats Units, un país amb molt poca tradició futbolística (per a ells el futbol és el rugbi, i del nostre futbol en diuen *soccer*), ja n'hi ha tres; a Llatinoamèrica les veiem arreu on va arribar una bona quantitat de migració catalana o espanyola; als gegants asiàtics (la Xina, el Japó i l'Índia) ja van obrir-ne d'altres; i fins a Oceania n'hi ha un parell.

Quin pot ser el futur d'un equip planetari? Com funcionaran els grans clubs d'aquí a deu o vint anys? Com s'ho faran per satisfer tants mercats? Dissenyaran un equip base i després, segons el context, s'hi adaptaran? Com es pot adaptar un equip de futbol? N'apareixeran sucursals? Ja hem vist que el Barça va estar a punt d'obrir-ne un derivat a la lliga de futbol dels Estats Units. El 2009 no es va poder, van dir que pel context de crisi, però les bases hi són perquè ocorri pròximament. Es globalitzaran els clubs, com les marques esportives, i podrem veure un derivat del Manchester contra un derivat de l'Inter a la lliga de futbol japonesa? Guanyarà un dia el derivat del Barça la Copa de clubs del Brasil? O seran les lligues nacionals o estatals que perdran importància per donar pas a tornejos continentals i intercontinentals? Es jugarà un mundial de futbol cada any?

Com es veu, i només parlant d'un parell de temes, és molt probable que el món del futbol visqui en els pròxims anys canvis radicals. Ara per ara, i en aquest sentit, el Barça està donant un gran exemple: apostant pel nivell esportiu, per una imatge de marca global però amb fort sabor local, pel talent dels jugadors dintre del treball d'equip, mostra la via d'una globalització coherent. Si els directius, i darrere d'ells, els socis, mantenen les idees clares, és probable que, per al Barça, expandir-se no signifiqui extirpar l'esperit que avui coneixem.

61 / 100

LA PRIMERA PENYA DE GAIS I LESBIANES DE LA LLIGA

Que el Barça és un club integrador se sap des dels inicis: pel que fa a la procedència geogràfica, el va fundar un suís i el seu himne és prou explícit amb el "tant se val d'on venim / si del sud o del nord". Ara que són temps en què l'acceptació de la diversitat d'orientacions sexuals demana pas, el Barça ha posat el seu granet de sorra amb el suport a la formació de la Penya Blaugrana de Gais i Lesbianes (PBGL), fundada el 2006 i el blog de la qual és *http://penyagl.blogspot.com*. I és que no podia ser d'altra manera, ja que *culer* vol dir, en la segona accepció del diccionari monumental Alcover-Moll, "sodomita", és a dir, qui practica l'homosexualitat masculina.

Aquesta penya és la que fa 1817 en el recompte d'aquests grups de suport que té l'entitat blaugrana i persegueix dos objectius principals que citem textualment de la seva pàgina: "1) Visibilitzar i normalitzar els gais i lesbianes que hi ha dins i a l'entorn del FC Barcelona. 2) Treballar per l'eradicació de la discriminació per motius d'orientació sexual en l'àmbit del futbol i de l'esport en general." Val a dir que la passió pels colors no els encega i no s'estan de recordar a la mateixa pàgina declaracions homòfobes força desafortunades d'exjugadors de la primera plantilla del FCB, com ara Edmílson i Eto'o. En un gest d'elegància que els honora, també se solidaritzen amb Guti, jugador del primer equip del Reial Madrid, que en molts camps ha estat saludat per la xusma amb el crit de "Maricón!" En consonància amb els objectius de la penya, el blog està dedicat a la memòria de Justin Fashanu, un jugador anglès del Nottingham Forest que va declarar-se obertament homosexual, l'únic que fins avui ha gosat fer-ho, i que va suïcidar-se als 37 anys per la pressió mediàtica.

La PBGL, la primera per a aquest col·lectiu a l'Estat espanyol, neix emmirallant-se en les que ja tenen força equips alemanys tan importants com l'Stuttgart (Stuttgarter Junxx), l'Hertha de Berlín (Hertha-Junxx), el Borussia Dortmund (Rainbow-Borussen), l'HSV Hamburg (Blue Pride) o el Bayern de Munic (Queerpass Bayern). Fora d'Alemanya, el Man United o l'Aston Villa també en tenen. Totes conformen la xarxa QFFM, sigles angleses de Penyes de Gais i Lesbianes de Clubs de Futbol.

Curiosament, a la Penya Blaugrana de Gais i Lesbianes hi ha més dones que homes. Cert que només són unes 20 persones, però el potencial de creixement és enorme si es té en compte que a la societat prop del 10% de les persones són homosexuals. Les activitats més freqüents són les trobades amb altres penyes de la QFFM en ocasió de partits de la Lliga de Campions i els aplecs en algun bar del Gaixample per veure els partits de la màxima competició europea, normalment al bar Átame.

Preguntats sobre què passaria si un futbolista es declarés gai, el president de la penya, Josep Ribes, respon que "seria un motiu de satisfacció per a nosaltres, el defensaríem i li donaríem suport". I encara afegeix: "I si fos del Barça, encara més motiu de satisfacció." Tant de bo sigui a prop el dia que no calgui amagar-se'n per por de no ser acceptat, tal com passa avui dia i reconeix fins i tot el president de la FIFA, Joseph Blatter. Tant de bo arribi el dia que no gaudeixin de tolerància les pintades homòfobes dels eixelebrats del Partizan de Belgrad referides als Red Star Belgrade del tipus "Sèrbia per als serbis, fora maricons" i "Mort als mariques de South Gate".

62 / 100

PARÍS-DAKAR

Fa unes setmanes, en un petit hotel al sud de París, un recepcionista em va preguntar, amb la mirada brillant:

—Véns de Barcelona? Ets del Barça?

—Sí.

—El Barça, el Barça! Mira! —i em va treure un clauer que era una piloteta amb els colors de l'equip—. El triplet! —gestos eufòrics amb les mans—. Al meu fill li he comprat tot del Barça, el meu somni és anar-me'n a viure prop de Barcelona i fer-me soci del club. Tu creus que podré?

—És clar que sí. Per què no? Al sector del turisme hi ha treball; i fer-se'n soci no és complicat.

Entusiasmat, va seguir parlant de Messidona, que seria una llàstima que Eto'o deixés l'equip, de tan bé com ho havia fet Guardiola, etc.

Fa un parell d'anys, al Senegal, durant una cerimònia d'enterrament on cadascú treu els seus millors vestits, un home duia posada una samarreta del Barça.

—Com és això? —li vaig preguntar al cooperant que havia rebut el grup amb el qual jo hi havia anat.

—És barcelonista convençut, no t'ho creuries, però en són uns quants.

I és clar, la pregunta òbvia és: quin poder té el Barça que li permet unir un romanès que viu a París amb un camperol del Senegal i una oficinista de Vic? Podria dir-se que mil raons diferents, però darrere d'aquestes mil opcions hi ha alguns temes bàsics d'imatge que fan l'ànima de l'equip.

Més enllà de les copes guanyades, la llarga història, la cadena de celebritats que han passat pel club, o fins i tot l'estil de joc, el Barça remou coses, podria dir-se, més íntimes. Per exemple, la mateixa idea de ser una alternativa: originàriament, per la rivalitat de la Barcelona portuària, oberta, cosmopolita i comercial, enfront del Madrid de terra endins, arrogant, conservador i centralista. Avui dia, encara que una mica d'això en queda, la rivalitat apunta en una altra direcció: des dels seus estatuts, i com a fundació, el Barça destina una bona part dels seus beneficis a la cooperació i a la solidaritat. Intencionalment, el Barça s'ha convertit en un canal (molt mediàtic) de la idea que no tot es redueix a generar beneficis i ostentar una imatge de victòria, sinó que amb humilitat, persistència, bon rotllo i obertura, es pot funcionar meravellosament; és a dir, que per fer el cim no cal atropellar els altres (precepte clàssic del neoliberalisme radical).

El Reial Madrid, en canvi, amb el llançament del seu discurs "galàctic", sembla buscar desesperadament vendre una imatge de riquesa i èxit de nou-ric que, últimament, ha donat molt pocs resultats sobre el terreny de joc.

Tot aquest rotllo del Madrid no té la tonada d'una cançó coneguda? No recorda l'origen de la crisi i la depressió que estem vivint? Així que, contra el capitalisme salvatge, Força Barça!

63 / 100

CULERS IL·LUSTRES

Normalment la gent es fa d'uns colors perquè a casa tothom hi combrega o precisament per portar la contrària a la família. I els personatges públics? Saps quants culers il·lustres hi ha pel món?

Pel que fa als esportistes, que és gent que sap de què va la cosa, la llista de culers és interminable. Ho són ciclistes com Federico Martín Bahamontes (guanyador del Tour de 1959) o Roberto Heras (guanyador de la Vuelta el 2000, el 2003 i el 2004). També tennistes com Arantxa Sánchez-Vicario (tres vegades guanyadora de Roland Garros en individuals el 89, el 94 i el 98) i David Ferrer. Quant als motoristes, en podem citar Àlex Crivillé (campió del món de 500 cc el 99), Carles Checa, Jorge Lorenzo, Toni Elias i Dani Pedrosa. Passant a la Fórmula 1, hi trobem Marc Gené i Pedro Martínez de la Rosa. Sense sortir del món del motor, si anem al ral·li Dakar, Marc Coma (doble campió en motos al Dakar, el 2006 i el 2009) i Nani Roma (vencedor del Dakar el 2004). Al món del golf, Severiano Ballesteros (guanyador del Master d'Augusta el 80 i el 83, i de l'Open Britànic el 84 i el 88). També és culer el fondista Martín Fiz (or en marató al Campionat Mundial d'Atletisme de 1995). Pel que fa al basquetbol, Kobe Bryant i Tony Parker són culers (aquest últim, casat amb Eva Longoria, va anar a la final de Roma de 2009 vestint la samarreta blaugrana).

Dintre del món de l'asèpsia informativa, és a dir, del periodisme i els mitjans de comunicació, són culers Carlos Herrera (RNE, Onda Cero, expresentador del Telediario), Manel Fuentes (*Crónicas marcianas*, *CQC*, *Problemes domèstics*), Andreu Buenafuente (*La cosa nostra*, *Una altra cosa*, *Buenafuente*), Àngels Barceló (Catalunya Ràdio, TV3, Tele5),

Elsa Anka (TV3, Tele5, TVE, C9), Jordi Évole (àlies el Follonero) i Susanna Griso (TV3, Antena 3).

El cuiner Ferran Adrià, el millor del món, demostra el seu bon gust sent del Barça i el jutge estrella Garzón tampoc no és imparcial en qüestions futbolístiques, ja que és culer.

Pel que fa als cantants, la llista és molt nodrida. Manolo Escobar ("¿Dónde estará mi carro?"), Peret (nom artístic de Pere Pubill Calaf, el del "Borriquito como tú"), Dyango (visca la balada romàntica), Lluís Llach (va omplir el Camp Nou el 6 de juliol del 85), Joan Manuel Serrat (va cantar l'himne del centenari el 28 de novembre de 1998), Estopa (amics íntims i veïns d'Iniesta, van assistir al sopar de la plantilla blaugrana previ a la final de Roma de 2009 per animar els gladiadors blaugranes) o Josep Carreras, un dels tenors més coneguts de les últimes dècades.

Quant a la gent de la passarel·la, es poden citar els noms d'Ester Cañadas (musa de Donna Karan), de Jaydy Mitchel (parella del mexicà Rafa Márquez, jugador del Barça) o de Judit Mascó (imatge de Barcelona durant els Jocs Olímpics del 92).

Si ens centrem en el món dels actor i actrius, hi trobarem Pilar Bardem (medalla d'or al mèrit en les Belles Arts el 2009), Pedro Ruiz (rècord Guinness a l'entrevista més llarga: 12 hores, 3 més que el malaguanyat Pepe Rubianes!), Rosa Maria Sardà (Honorato!) o Ariadna Gil (*Soldados de Salamina*, *Belle Époque*). Tal vegada en aquesta categoria s'hi podria afegir un artista plàstic més conegut com a perruquer, l'esparreguerí Lluís Llongueras.

Pel que fa a la política, són culers confessos l'expresident de la Junta de Extremadura, Juan Carlos Rodríguez Ibarra, Pilar Rahola (ERC, PI) o Josep Piqué (ministre d'Aznar i president de Vueling).

Per tancar aquesta llista, encara es podrien citar en Mario Bros, Goku (*Bola de Drac*), Homer Simpson (abans d'entrar a la central nuclear va treballar de blaugrana en un establiment de menjar ràpid), Oliver Aton (el futbolista japonès més conegut de tots el temps, per davant de Shunsuke Nakamura o Hidetoshi Nakata), Mouth (Boca en la versió castellana de la sèrie *Jimjam & Sunny*) i Spiderman. Alguns d'ells potser no han declarat explícitament el seu barcelonisme, però tots han lluït els colors del Barça a l'uniforme.

64 / 100

KOBE BRYANT ÉS CULER

A l'estiu de 2007, un paio va trucar al cap de premsa de la secció de bàsquet barcelonista perquè volia conversar amb Ronaldinho i veure'l entrenar-se. Ha, ha! Molt bona! I jo també, i tu, i l'altre... Si hagués estat un bromista, l'haurien engegat sense contemplacions, però es tractava ni més ni menys que de Kobe Bryant, jugador de Los Angeles Lakers i guanyador de quatre anells de l'NBA (tres temporades consecutives, de 2000 a 2002 i 2008-09). El bon gust futbolístic de Kobe Bryant es palesa en el fet que el seu ídol d'adolescència era Frank Rijkaard, l'entrenador blaugrana. Kobe Bryant, el millor jugador de l'esport amb més seguidors al país més poderós del món, resulta que és culer.

Per si allò no hagués estat una prova prou fefaent de cap a on anaven les seves preferències, un any més tard, als Jocs Olímpics de Pequín, quan l'estrella de Ronaldinho no brillava com abans, l'escorta angelí va acomplir un altre somni: conèixer Leo Messi, de qui va aconseguir una fotografia dedicada que guarda a la taquilla del Toyota Center, la pista on s'entrena l'equip de Los Angeles. "Ets el millor", expliquen que va dir el nord-americà a La Puça. I és que l'afició de Bryant al futbol i al Barça en particular de bon segur que té a veure amb un fet curiós: Bryant va viure a Itàlia entre el 84 i el 91, seguint els equips de segona fila en què militava son pare, Joe.

Sigui com sigui, l'afició de Bryant al Barça va sobreviure el traspàs de Ronaldinho al Milan, esdevinguda l'estiu de 2008. I és que el company de vestidor de Pau Gasol va protagonitzar una portada de la revista *ESPN. The Fan Issue*, en què feia malabarismes amb un pilota de futbol als peus. La samarreta que lluïa no era la de Los Angeles Lakers, sinó la del millor club del món: el Barça, és clar.

Per si algú no el coneix, recordem que Kobe Bryant és un home de rècords. Un dels que trigarà més a batre's serà que ha estat el jugador més jove a fer 23.000 punts a l'NBA. Aquesta puntuació estratosfèrica la va aconseguir als 30 anys i 171 dies, tot trencant el rècord previ del mític Wilt Chamberlain. També ha estat diverses vegades millor jugador de les sèries finals i del partit de les estrelles. Però no volem avorrir el lector amb tot de rècords que, segurament, Bryant anirà polvoritzant a mesura que passi el temps.

I és que, com sol dir-se, cada ovella amb sa parella. Així que Kobe Bryant, posats a triar club de futbol, opta pel *number one*.

65 / 100

EL PRESIDENT DEL GOVERN ESPANYOL ÉS CULER

Efectivament, no és cap secret que Rodríguez Zapatero és culer. Si bé no ha arribat a extrems de hooliganisme, no se n'amaga i ha mirat de fer-se fotos amb els blaugranes sempre que ha tingut ocasió. Per exemple, va presenciar la final de París (2006) i la de Roma (2009). De molta menys trascendència, però molt vist a Catalunya, va ser el moment que va rebre una samarreta del Barça de mans de l'escriptor Mathew Tree i va esbossar un somriure.

Ser culer hauria de ser una opció raonable, però ha esdevingut una excepció en el món de la política de l'Estat, fins ara dominada per polítics de simpaties declarades pel Reial Madrid. El madridisme ja existia amb Alfons XIII, va ser sinònim d'espanyolitat amb Franco, i ja en el període democràtic destaca Aznar per la seva desimboltura a l'hora de declarar-se seguidor del Madrid.

José María Aznar, president de l'executiu espanyol dues legislatures, a més d'un practicant compulsiu d'abdominals (en fa 2.000 diàries), és un gran seguidor dels blancs. El van fer soci del club blanc als 7 anys, ho va deixar estar i se'n va tornar a fer l'any 2004. Aznar va participar activament en els actes del centenari, fins i tot en el sopar del patronat del club blanc, amb la plana major directiva i esportiva del club. Es va arribar a especular que, amb la segona vinguda del messies Florentino Pérez, Aznar s'afegiria a la candidatura. Finalment, el professor de Georgetown li va desitjar el millor al constructor, però no hi va formar tàndem electoral.

Quant a ZP, per què no dir-ho, la seva estrella ha declinat darrerament (fan enrojolir les comparacions amb Obama), sobretot arran de la crisi mundial i la pujada galopant de l'atur, que ha portat que els seus detractors li hagin penjat el sobrenom de Zeta Paro. Al marge de la seva estatura política i intel·lectual —Sarkozy va dir que no era gaire intel·ligent, però que sabia guanyar eleccions, malgrat que més tard corregí l'atac de sinceritat—, no és poca la novetat que es tracti d'un president culer. Ja s'hi declarava quan encara no ostentava el càrrec ("El líder és del Madrid i l'oposició del Barça, oi?", li preguntà un periodista en referència a José María Aznar), si bé hi ha qui li retreu que no deu ser tan culer quan encara no ha anat a la llotja del Camp Nou a veure-hi cap partit de Lliga. Tal vegada perquè tem que pugui rebre una xiulada.

El que és obvi és que, com tants altres culers de les Espanyes, Rodríguez Zapatero s'ha hagut de sobreposar a un entorn hostil, fins i tot familiar: "Quan hi ha partit, [les meves filles] es vesteixen del Madrid." Per no parlar de les files socialistes: "Zapatero no en sap de futbol, perquè és del Barça", diu d'ell mig en broma Rubalcaba, ministre de l'Interior i madridista irredempt. Si ZP no va respondre amb un acudit, li'n regalem un de franc, un d'aquests que han triomfat l'any 2009, que diu: "Van un francès, un camerunès i un argentí. Tu ho has pescat? Doncs la defensa del Madrid, tampoc."

66 / 100

FIDELS PERÒ FELIÇOS

Encara que avui dia encara se segueix discutint sobre la fidelitat, i no és estrany sentir batusses acalorades entre les seves partidàries, perdó, partidaris i partidàries, i els seus detractors (potser també alguna detractora), que es llencen mútuament arguments que van des del codi genètic fins a la pau social, és indiscutible que, sigui com sigui, la majoria dels humans acabem vivint en parella la major part de les nostres vides. Més enllà de les queixes, de les nostàlgies, del "si pogués tornar enrere", ens acostumem a conviure amb algú i d'aquesta manera qui dia passa any empeny i tal dia farà un any.

Però aquesta fórmula poques vegades funciona en les relacions extramaritals, sobretot quan parlem de figures ben cotitzades al mercat. Per exemple, quants futbolistes de renom coneix vostè que hagin jugat tota la vida amb el mateix equip? Estic segur que els casos es poden comptar amb els dits de les mans (s'hi val utilitzar algun peu) i, per a la seva sorpresa, veurà que una de les parts de la relació en més d'un cas serà el Barça (poligàmia?).

Per donar-ne dos exemples del futbol actual: Pujol i Xavi. Ambdós, internacionalment coneguts i desitjats, però malgrat tot, fidels al Barça. Per què?

Les raons deuen romandre guardades en la intimitat dels jugadors, segurament, però des de fora es podria dir que el Barça els ha donat la possibilitat de créixer i convertir-se en les figures que són ara; els ha ofert uns ingressos atractius; els ha projectat com a personalitats, més enllà de l'àmbit futbolístic (ambdós són admirats com exemples a seguir, i això ha estat part de la política de comunicació de l'equip) i, potser el més important: els ha fet sentir que hi ha alguna cosa més darrere de la professió, del negoci.

Fa poc que Beckham va estar a punt d'atonyinar un fanàtic de Los Angeles Galaxy que el va insultar i va saltar al camp, molest perquè havia abandonat uns mesos l'equip pel Milan AC. En la majoria dels clubs passa això: els jugadors hi entren i en surten en funció de les oportunitats de negoci que troben els seus agents; no romanen en cap equip prou temps com perquè el seu nom formi part de la història del club. El cas de Maradona amb el Nàpols sembla, en els nostres dies, un exemple romàntic de l'antiguitat futbolística (fotografiada en sípia, millor).

Quantes temporades es quedarà Cristiano Ronaldo amb el Reial Madrid? Més o menys que el Ronaldo anterior? Raúl, un dels pocs fidels de l'equip blanc, a pesar del seu excepcional palmarès (que no mereixen un respecte tres Copes d'Europa?), ha passat a segon pla en les polítiques de comunicació del club, entestat a promocionar la incorporació del jugador portuguès. Si no atens les teves figures, si no els dónes protagonisme, com pots esperar que et siguin fidels?

Però és així, el Reial Madrid és un negoci pur i dur; el Barça, en canvi, és "molt més que un club".

67 / 100

MÉS CORRECTES

Molts clubs són reconeguts, sobretot, pels excessos que provoquen els seus seguidors fanàtics a les ciutats on juguen i, especialment, on perden. El Barça, en canvi, és famós per tot el contrari. Els blaugranes tenen un públic exemplar: mira i aplaudeix, aplaudeix i mira; en els moments de frenesí, si un cas, deixa anar algun crit.

Aquest civisme, aquest portar-se a l'estadi com a casa de l'àvia, aquest *mélange* entre el Camp Nou i el Liceu, desperta, per descomptat, l'enveja dels madrilenys, que ens acusen, arterament i *hortera*, de ser insulsos i avorrits.

Però és que els blanquinosos no han descobert dues coses molt importants: la primera és que al Camp Nou s'hi pot anar en família, nens petits inclosos i, gossos no, perquè no els hi deixen, però ja els hi deixaran. És un ambient diumenger, el que es viu al Camp Nou, com passejar per la Rambla abans que hi arribessin els guiris, les prostitutes, els narcotraficants i la policia... és a dir, com ja no es pot passejar per la Rambla.

D'altra banda, l'equip, contràriament al que es pensa, ho agraeix, això del silenci. Amb un públic així es pot jugar còmodament: concentrar-se en les estratègies preparades en els entrenaments, recordar els últims detalls conversats en el vestidor, mantenir la possessió de la pilota sense sobresalts, sostenint, això sí, la passió durant el joc, però sense violències ni arravataments. Amb un públic dement tot això seria impossible: ni l'estadi seria un espai familiar ni una prolongació dels entrenaments.

De vegades, això sí, els culers mostren les urpes, però mai, i això és un fet més que demostrat, destrossaran un lavabo del seu estadi, ni partiran la cara de cap rival, àrbitres inclosos.

I és que al Barça no se sap qui està millor entrenat, si l'equip o la culerada. Caldrà preguntar-l'hi a Guardiola, oi?

68 / 100

EL BARÇA MILLORA LA VIDA SEXUAL

Des de fa molts anys es diu que no hi ha pitjor enemic per al sexe dominical que la Lliga de futbol. Però, això és una veritat universal o només es dóna amb alguns equips?

Indubtablement, perquè hi hagi sexe es necessita l'acord de dues (o més) persones. I això, us preguntareu, què té a veure amb el futbol? Doncs molt senzill: que el diumenge a la nit, els seguidors masculins i femenins del Barça tenen ganes de foll... perdó, de fer l'amor, i ara expliquem per què.

Normalment el bon culer és una persona pencaire. Això vol dir que només té dos dies lliures a la setmana per dedicar-los a la seva parella. El culer mitjà, conscient de l'escassetat del temps, després de compartir un parell d'hores amb els amics mirant el partit, torna a casa sense haver begut en excés. I això per què? Perquè el culer, a més de ser pencaire, és estalviador, i no es vol deixar el sou en cerveses. Ve encès per les emocions fortes que li ha deixat el partit i, també, amb els ulls espurnejants que li ha deixat l'alcohol. La noia del culer, que potser també ha estat mirant el joc per televisió, va, com ell, un pèl encesa; sap que demà comença la jornada laboral i, a més, ha estat veient a la pantalla uns tipus amb coratge que, de totes maneres, no són tan perfectes perquè el seu culer quotidià li sembli el geperut de Notre Dame (òbviament, és més fàcil sortir ben parat d'una comparació amb Iniesta que no pas amb Cristiano Ronaldo).

Així que el diumenge del culer finalitza, normalment, amb un bon joc, el millor de tots. En aquest cas el millor és buscar un empat, un dos a dos, o un tres a tres, si més no en el nombre d'orgasm... perdó, de punts.

69 / 100

¡AL LORO!

Parlar de lloros i Barça podria semblar estrany si no fos perquè el president Laporta, humà com és, massa humà i tot, va protagonitzar una *performance* lamentable —alguna crònica pietosa en va dir "enèrgica"— a La Farga de l'Hospitalet que va tornar a posar de moda l'animalot. El lloro, volem dir.

Va ser en una trobada de penyes del 6 d'abril de 2008 i el president va arremetre contra els crítics amb l'equip en un discurs inflamat. "Hay que estar al loro de los hipócritas y embaucadores que se hacen pasar por barcelonistas." Una altra perla va ser: "No caigan en la trampa, estén al loro con todos aquellos que dicen ser del Barça porque si no, no los leería ni los escucharía nadie." I és que aquell Barça comatós del qual Ronaldinho i Deco s'havien esborrat tenia opcions de guanyar la Lliga i la Champions, gràcies a la malaptesa dels rivals. Al final, però, res de res.

La fatxenderia del president es va reciclar humorísticament, fins i tot publicitària: la marca Autoequip, la primera cadena catalana dedicada al servei ràpid de manteniment del vehicle, va fer servir l'arxifamós "Al loro!" en una campanya publicitària molt reeixida a la ràdio. El mateix Barça va acabar reutilitzant la frase i va crear al Barça TV un magazín anomenat *La nit del lloro*.

A banda d'aquest lloro que no ha passat mai de ser una frase feta, cal parlar d'un altre lloro blaugrana ben peculiar. Es tracta del Lolo, un exemplar propietat de la Vanesa Antequera, veïna del Prat de Llobregat. El Lolo, procedent de l'Amazònia i adquirit per uns 800 euros, llueix plomes verdes, blau turquesa i grogues. Aquest plomatge acolorit tampoc no el convertiria per si sol en un artista, però sí el fet que canta i xiula l'himne del Barça. El marit de la Vanesa, Nicolás Chillón, l'hi va ensenyar, juntament amb algunes floretes adreçades al seu Pigmalió ("¡guapo!"), la salutació "hola!" i fins i tot un simpàtic "¿qué pasa, tío?". Aquest animal és tan culer que àdhuc li tapen la gàbia amb una manta blaugrana. "Així descansa millor", afirma la propietària de l'ocell.

Curiosament, el Lolo no és el primer lloro del Prat capaç de cantar el Cant del Barça. Fins ara sabíem que la població baixllobregatina era famosa arreu pels seus pollastres pota blava amb denominació específica, però el Lolo no vola sol: amb anterioritat un altre lloro pratenc, en Yako, es va exhibir per les televisions entonant les estrofes de l'himne blaugrana.

Un parell d'anys després que Laporta defensés l'equip a La Farga amb ungles i dents, es pot afirmar que no anava del tot desencaminat. "Al loro, que no estamos tan mal". Sembla demostrat que, si algun dia les coses tornen a venir mal dades a Can Barça, sempre es podrà recórrer al suport incondicional de les aus més culers que solquen el cel.

70 / 100

EL BARÇA MANTÉ A RATLLA ELS RADICALS

Una de les xacres del futbol és l'existència de grups radicals de suport als equips: Ultra Sur, Frente Atlético, Brigadas Blanquiazules... Aquestes agrupacions, tolerades o fomentades per la majoria de clubs, atès que hi ha qui considera que fan ambient, acostumen a tenir un historial ben galdós al darrere, que va des del tràfic d'estupefaents fins a la petita delinqüència, passant per actes més greus com poden ser les agressions i fins i tot assassinats d'afeccionats rivals. Malauradament, també pertanyen a aquesta categoria els Boixos Nois, un membre dels quals, José Antonio Romero Ors, El Jaro, acompanyat de quatre boixos més, va apunyalar mortalment Frederic Roquier, afeccionat de l'Espanyol. El Jaro va ser condemnat a 20 anys de presó per l'Audiència de Barcelona i recentment va ser detingut per pertinença als Àngels de l'Infern (bé, més aviat per les activitats il·legals que portaven a terme: tràfic de drogues i d'armes).

Per si algú té dubtes de quin tipus de persones conformen aquest grup radical barcelonista que intenta disfressar-se de penya, una visita a la seva pàgina web esvaeix els dubtes. Tenen un enllaç a la seva secció jove, Youth Firm, en què és ben visible l'estètica neonazi: buldogs, bats de beisbol, siluetes dels quatre matons de *La taronja mecànica* de Kubrick, salutacions romanes, lletra gòtica... Si va en cartró i és blanca, és llet.

El grup radical de suport al FC Barcelona, autodefinit com a *hooligan* (fanàtic o seguidor violent), es va fundar el 1981 i originalment es va situar a la primera graderia del Camp Nou, al gol sud, des d'on van traslladar-se al gol nord. Es diuen així per un joc de paraules entre "bojos" i "Can Boixeres", un parc de l'Hospitalet de Llobregat on acostumaven a reunir-se abans i després dels partits (així doncs, no es tracta d'una errada ortogràfica, com sol dir-se). El grup comptà amb diversos privilegis com ara el lliurament de paquets d'entrades que acostumava a vendre per lucrar-se, però després de múltiples incidents violents, la gota que va fer vessar el got va ser el llançament de bengales al camp el 22 d'agost de 2003, dia del Gamper, i la pallissa propinada en un bar de l'estadi a un magribí vestit amb la samarreta de la selecció espanyola amb el dorsal de Raúl. Aleshores Joan Laporta va decidir que ja era hora que no senyoregessin el camp i els va denegar l'entrada, i d'aleshores ençà que els components dels Boixos Nois només han pogut assistir als partits a títol personal, encara que fent-se notar com a col·lectiu. La fermesa contra aquest grup radical li va valdre al president Laporta fins i tot amenaces de mort ("Laporta hijo de puta, no nos echarás"; "El Camp Nou es nuestra casa, la tuya es la tumba"; "Te vamos a matar" o "Localizado", al costat d'un punt de mira) que van obligar-lo a canviar de domicili.

Avui dia, els Boixos segueixen en peu de guerra contra Laporta. La crònica negra del tot s'hi val contra el millor president de la història del Barça ha de recordar que Oriol Giralt va rebre 150 firmes dels Boixos Nois a favor de la moció de censura contra Laporta i la seva junta directiva.

71 / 100

PATROCINADORS, NO PATROCINATS

Com se sap des de temps immemorials, la generositat va de la mà de la grandesa, fins i tot als camps de futbol. L'any 2006 va esdevenir-se un fet que evidenciava una altra circumstància humiliant per a la gent del Reial Madrid: s'havien quedat sense patrocinador, perquè BenQ Mobile havia fet fallida. El Barça, en canvi, ha estat el primer equip de futbol de fama mundial que patrocina de forma clara i evident una reconeguda organització no governamental.

És dur ser del Madrid sabent això. Mentre el teu equip es desespera buscant-se les garrofes en reunions i fa moixaines a uns tipus amb maletins, corbates i males intencions, el rival, el Barça, estampa còmodament un enorme UNICEF a les seves samarretes. Quina diferència!

Entre el Barça i el Reial Madrid trobem la mateixa distància que separa un rei d'un comerciant de fira. S'inverteixen els papers? El Madrid, de Reial, poc. El Barcelona, de comerciant, no n'és, no ho necessita, i en canvi, de noble, en té prou i massa. La raó? Hem de tornar a les bases. El Barça és una associació que viu, principalment, de l'aportació voluntària dels seus socis, mentre que el Reial Madrid és una societat que intenta, desesperadament, generar la major quantitat de beneficis possible, oberta a tots els tripijocs que permet el capitalisme salvatge. Les distàncies entre l'un i l'altre, ja ho veiem, arriben a ser, fins i tot, filosòfiques. Mentre que el Barcelona es preocupa a redistribuir, pel bé de la humanitat, els sucosos beneficis que genera el seu èxit, al Madrid només li obsessiona trobar els contractes més lleonins i aprofitar, de qualsevol manera, el negoci del futbol, per prolongar, per qualsevol mitjà, el boom del futbol com a negoci.

La tristesa del Madrid l'evidencia el fet que el patrocina Bet and Win des de 2007, una casa d'apostes que el Barça no va voler que el patrocinés.

No cal ser un geni per conèixer el resultat: en el món de l'ètica, Barça, 10-Madrid, 0.

72 / 100

VAL MÉS AVIAT QUE MAI

Una de les iniciatives més interessants a què ha començat a donar suport la Fundació Barça es diu Juga-la!, un programa per promoure valors ètics a través de l'esport, amb la intenció d'estendre'ls al conjunt de la societat.

Com una referència de l'esperit del projecte, paga la pena assenyalar que un dels primers llocs on s'ha engegat és a Xile. Aquest país sudamericà ha desenvolupat al llarg de l'última dècada projectes per lluitar contra la pobresa que han tingut uns resultats espectaculars (la pobresa ha baixat a la meitat, de més d'un terç de la població a un quinze per cent), i això ha tingut lloc, justament, sense muntar un espectacle.

A diferència d'altres governs del continent, que s'omplen la boca autoproclamant-se defensors de les classes desposseïdes mentre la xacra de la pobresa continua, si de cas maquillada, els xilens han treballat de manera contínua, seriosa, efectiva, en projectes multidisciplinaris que inclouen combatre la pobresa des de diversos fronts: estimulant el treball; invertint en salut, educació, i obres d'infraestructures; obrint mercats; ajudant amb microcrèdits a qui té esperit empresarial; prestant assessoria psicològica a les famílies desestructurades, etc.; tot això sense tacar-se massa amb el color polític del govern de torn.

El fet que els xilens se sentin atrets per la proposta del Barça dóna a entendre que hi ha valors compartits, objectius comuns, maneres de fer familiars. El treball social que desenvolupa la Fundació és seriós, es fa molt més del que es diu i, precisament, aquesta discreció és la millor garantia de la seva bona fe. D'altra banda, la forma com es mostra el costat més vistós de l'organització, el Futbol Club Barcelona, referma, discretament, la filosofia de la Fundació; i com en el cas xilè, el premi de la feina ben feta són els resultats.

73 / 100

UNA GIRA HISTÒRICA

Quan la Guerra Civil Espanyola esclata el juliol de 1936 la major part de la població de Barcelona es posa del costat republicà. El Barça, que ja havia començat a ser "una mica més que un club", tenia un president que era dirigent d'Esquerra Republicana. Immediatament, el Club es va posicionar contra els revoltats.

A mesura que la guerra empitjora, la situació dels clubs i les competicions esportives es va anar fent precària; fins que, definitivament, la violència va travessar aterridorament les portes del Barça: l'agost de 1936, el president del club, Josep Sunyol, va ser assassinat pels nacionals, i al març de 1938 una bomba va esclatar a les instal·lacions del club, destruint una bona part dels arxius i la memòria de l'equip. En plena guerra, els directius i empleats del club van aconseguir organitzar una gira per Llatinoamèrica que va servir, a més de per recaptar fons, com a pont a l'exili d'alguns jugadors la vida dels quals perillava si tornaven a l'Estat.

El 2009, setanta anys després de la tragèdia de la guerra, el Barça discuteix si la seva gira d'estiu serà per Estats Units o per Àsia —finalment, els agraciats van ser els nord-americans—. Per decidir-ho es considera, sobretot, la projecció que l'equip pot tenir en aquests mercats. Alguns dels països que rebran el Barça viuen actualment sota règims totalitaris, però el club es cuida de no projectar una imatge que el vinculi a la política (més enllà que Zapatero digui que és culer o Aznar es declari madridista). D'altra banda, és difícil que els asiàtics coneguin la posició del Barça enfront de la dictadura, el seu valor com a símbol, o fins i tot, la mateixa existència de la Guerra Civil Espanyola (prou gresca hi ha hagut per allà com perquè s'ocupin, a més, de les baralles alienes). El fet és que, en els nostres temps, la "despolitització" sembla un requisit obligatori per a tothom que vulgui situar en els mercats globals una "gran marca". A pesar de la seva història, el Barça actual ven bones intencions, però no idees que impliquin un enfrontament als poders econòmics o polítics dominants. Pel que sembla, la dictadura del mercat global és més efectiva que qualsevol règim autoritari.

74 / 100

SHAOLIN FUTBOL PARK

Fa tot just mil cinc-cents anys, uns sacerdots van fundar un monestir budista al bell mig de la Xina, amagant-se entre les muntanyes del populós món contemporani. La idea era arribar a la Il·luminació que, segons el Buda, allunya del sofriment de la vida, per mitjà del treball amb la meditació a partir dels moviments del cos, usant les arts marcials. La història del temple Xaolín, com gairebé totes les històries, està plena d'alts i baixos, amb una llarga successió de destruccions i reconstruccions; només que ara ens interessa el Xaolín actual.

Gràcies a les pel·lícules de kung-fu, des de fa algunes dècades el monestir s'ha posat de moda i ara per ara és una espècie de parc temàtic de les arts marcials: pagues l'equivalent a cinquanta dòlars i tens dret a dormir a les instal·lacions i rebre classes de kung-fu durant un dia; hi ha plans setmanals, mensuals, i fins i tot anuals. A l'exterior, si no vols pagar-ne l'entrada, pots igualment menjar i beure productes temàtics (varietats de te enfortidores i aliments com els que venen als gimnasos, encara que d'etiquetes xineses, així que no podem dir de què són); comprar objectes temàtics (relacionats amb les arts marcials); fer-te fotos, etc. En resum, els xinesos, que no són ximples, des que el govern comunista els ha permès dur el capitalisme a la seva màxima expressió han estat explotant el monestir allí on han vist una escletxa.

Els occidentals, freturosos del sentit pràctic dels xinesos, tendim a ser molt més directes: explotem els negocis sense recerques espirituals ni històries. Però no tots som així, hi ha qui prefereix fer un volt abans d'arribar al mateix lloc: el Futbol Club Barcelona ha signat un acord amb l'alcalde de Castelldefels per obrir el Barça Parc, un espai que combina una desena de pistes de futbol amb una àrea comercial, una altra de conferències, hotel, estacionaments, escola i camps d'entrenament, un poliesportiu i un estadi, entre abundants àrees verdes i un parc natural protegit. La idea, per als directius de l'organització, és afermar i difondre els valors del Club a partir d'aquesta espècie de Ciutat Blaugrana Ideal.

Podria ser que en els pròxims anys els monjos de Xaolín s'acostessin a Castelldefels per comparar i tractar d'entendre en quin moment els negocis es van menjar el que, alguna vegada, va ser la seva idea.

75 / 100

FUTBOL, TELEVISIÓ, POLÍTICA I ALTRES NEGOCIS

Els últims anys han regirat el món de la televisió. La idea generalitzada que la pantalla petita era el mitjà de comunicació de masses per excel·lència està en dubte: en poc temps l'audiència televisiva s'ha fragmentat, causa i conseqüència de la multiplicació dels canals, i els anunciants dubten cada vegada més de la rendibilitat de la publicitat televisiva, tenint en compte el seu cost elevat. En el context de la crisi, els preus de les accions dels canals de televisió s'han desplomat mentre, d'altra banda, els canals públics estatals i autonòmics no paren d'acumular deutes multimilionaris que els governs absorbeixen per mantenir el control d'aquest mitjà d'autopromoció, un dels pocs que els en queden.

Enfront d'aquest panorama complex, el futbol s'ha convertit en una mena de salvavides: és l'activitat amb major capacitat de convocatòria, l'emissió que pot reunir la massa d'espectadors més gran. Amb el futbol passa com als anys daurats de la televisió generalista, quan l'audiència es reunia al voltant dels mateixos programes, cada dia, a la mateixa hora. Els preus pels drets de transmissió del futbol cada any arriben a xifres rècord i la competència per apropiar-se'ls és aferrissada. L'última lluita ens mostra una oferta multimilionària de les televisions públiques, aquestes que viuen de les aportacions dels contribuents, per adquirir els drets de transmissió de la Lliga de Campions. Tal vegada assumeixen que el futbol és el circ que ajuda a oblidar la falta de pa.

Per respondre a aquesta situació privilegiada de l'esport rei, tant el Barça com el Reial Madrid han creat els seus propis canals de televisió; és el primer pas d'una estratègia d'inserció en un mercat que accepta definitivament el valor com a espectacle d'aquest esport. De moment la presència dels canals temàtics dels clubs és modesta, i la seva oferta gira al voltant de la història i les activitats dels equips. No obstant això, considerant la potencialitat del futbol com a focus d'atenció multitudinària, no seria estrany veure que aquestes televisions, a poc a poc, evolucionessin a un esquema pròxim al de la televisió generalista; és a dir, que desenvolupessin una programació variada capaç de mantenir enganxat l'espectador amb temàtiques diferents. En aquest sentit, què podria oferir-nos el Futbol Club Barcelona?

Els esforços del FCB per construir una imatge de marca pròpia, universal però amb sabor local, respectuosa amb l'esport i compromesa amb temes socials, acompanyada amb els valors del treball, persistència, esperit d'equip, solidaritat, transparència i bona gerència, poden trobar un canal de difusió ideal a través d'una programació televisiva no necessàriament centrada en l'activitat esportiva. Que el Barça TV trobi una fórmula per créixer dintre del competit món de la televisió mantenint els valors essencials de l'equip és un repte interessant per a la Fundació, i una prova de fidelitat per als socis.

76 / 100

EN SÓN 11, PERÒ EN VOLEN 15

Una onada humana està sacsejant la Premier, la Lliga de futbol professional anglesa. Propietaris d'equips esportius nord-americans, multimilionaris russos, inversionistes de Dubai, alguns dels grans capitals del món han demostrat el seu fanatisme comprant equips de renom com el Chelsea, el Manchester o el Liverpool.

Aquests nous propietaris no només tenen en comú el fet d'asseure's a veure els partits amb les butxaques plenes, sinó l'expectativa que, en acabar els partits, les seves butxaques se'ls hagin exprimit encara més (el 15%, per ser exactes, és la rendibilitat anual esperada per a aquest negoci).

Es tracta, per descomptat, de veure en el futbol anglès l'oportunitat de fer-hi bons negocis, aprofitant unes condicions econòmiques, tributàries i de creixement inesperat que, aparentment, no es donen en altres mercats (almenys no a l'Estat espanyol, on fins ara els grans capitalistes internacionals no hi han arribat).

La festa de la globalització de l'esport rei els ha despertat l'apetit i, en el cas d'un club com el Chelsea, per exemple, la meta fixada és convertir-se en l'equip més rendible del món a mitjan la pròxima dècada (cosa que els va dur a invertir, sota forma de pèrdues, uns doscents milions d'euros l'any 2008).

Però, tot això, com afecta la Lliga i, en particular, el Barça? A curt termini, mentre les condicions es mantinguin més o menys com les actuals, no gaire, tret que als tornejos internacionals serà cada vegada més freqüent la presència d'equips anglesos; a mitjà termini, i mentre les condicions del mercat anglès siguin més avantatjoses que les de l'Europa continental, acabarà passant el que ocorre ara amb les lligues sud-americanes: el futbol de l'Estat espanyol actuarà com a planter del britànic. L'esllanguiment progressiu per l'absència de grans figures podria fer que, a llarg termini, la Lliga quedés a l'ombra d'altres mercats millor preparats per als reptes de la globalització.

No obstant això, si un club com el Barça ha sabut sobreposar-se a crisis econòmiques, repressió política, males gestions, etc., segurament trobarà la manera d'enfrontar-se als nous reptes i atreure també grans fortunes. De fet, més que els avatars del Reial Madrid, aquest sembla el treball més dur de l'entitat blaugrana per a aquest segle XXI.

77 / 100

SI AVUI ÉS DIMARTS, AIXÒ ÉS EL KSK BEVEREN

Com a la comèdia nord-americana (*Si avui és dimarts, això és Bèlgica*, 1969), els equips de futbol corren avui per la pantalla del televisor cada vegada més vertiginosament, deixant-nos amb una sensació de confusió sobre quin campionat estan transmetent o d'on vénen els equips que estan jugant.

Com que el futbol ha esdevingut una de les poques emissions capaces de captar les grans audiències, la seva explotació comercial intensiva s'ha convertit en un bon reflex dels nostres temps.

D'una banda, la globalització se sent, primer, en la importància que han guanyat els tornejos internacionals, de vegades enfosquint les lligues domèstiques quan aquestes són petites; segon, en l'estratègia de globalització d'alguns equips, preocupats per explotar el màrqueting derivat de l'espectacle (drets de transmissió, venda de samarretes, etc.), fitxant figures que porten amb elles una llarga cua de fans, normalment asiàtiques, i tercer, en la internacionalització de la imatge de marca dels clubs a partir de les estratègies de captació de mercats típiques dels productes de consum massiu, això que coneixem com a "grans marques".

En alguns casos la ruptura amb l'esquema clàssic d'afinitat entre els clubs i les entitats geogràfiques o els col·lectius que tradicionalment han representat, ha generat controvèrsies. Un cas emblemàtic és el KSK Beveren, un equip belga que treia al terreny de joc equips compostos exclusivament per africans; d'una banda, va guanyar aviat l'audiència de la forta immigració d'aquest continent al petit país europeu; de l'altra, va rebre atacs de la premsa i dels fanàtics més "ortodoxos", aquests que pensen que els equips han d'estar conformats principalment per jugadors de la regió.

Sigui com sigui, i més enllà de la posició que s'adopti, la tendència sembla afavorir els clubs capaços de penetrar nous mercats fitxant jugadors reconeguts internacionalment, o arribant a un alt nivell en els tornejos internacionals; és a dir, aquells que tenen el capital financer i d'imatge per sortir de l'àmbit local que, en general, genera beneficis molt menors que els mercats mundials. És a dir, en el futbol comença a operar la lògica del peix que es mossega la cua, clàssica de la globalització: per créixer necessites molt capital, i per a tenir molt capital necessites haver crescut.

En aquest sentit el Barça és un exemple emblemàtic, principalment per la inversió intel·ligent que ha fet en el seu planter, cosa que li ha permès mantenir a l'equip oficial un nombre important de jugadors locals (esquema tradicionalista), sense per això perdre el nivell de joc que el manté entre els millors equips del món (esquema d'èxit esportiu internacional), fet que el porta a guanyar audiència i poder recórrer a grans fitxatges (esquema superestrelles del futbol) que afavoreixen la venda a tot el món de la imatge de marca (esquema beneficis indirectes). Una fórmula difícil però que, com veiem, ha donat excel·lents resultats.

78 / 100

ENTRE ELS 10 MÉS MEDIÀTICS, BARCELONA 3 - REIAL MADRID 0

Un terç dels deu jugadors amb més aparicions als mitjans de comunicació al llarg de la temporada 2008-2009 són del Futbol Club Barcelona: es tracta del trident atacant Messi, Henry, Eto'o. Messi, com ja s'ha dit, és el número u. Si ampliem als vint primers, hi apareixen Xavi i Iniesta, i per fi, un jugador del Reial Madrid, Raúl. És a dir, mig equip titular del Barça es troba entre els vint jugadors més mediàtics del món.

Què vol dir tot això? D'una banda, és evident que els èxits excepcionals del club han donat resultats no només sobre el paper, sinó a les pantalles. Però també hi ha un altre aspecte molt important que paga la pena destacar: si la meitat de l'equip rep l'atenció dels mitjans és perquè la política de comunicació del club aposta per vendre els seus jugadors segons els seus mèrits, en comptes de centrar-se a rendibilitzar al màxim les seves superestrelles.

Normalment la majoria de les notícies són generades per les notes de premsa, les declaracions de l'entrenador i els jugadors, i les rodes de premsa; tot això es prepara, generalment, entre bastidors, la qual cosa implica que, al final, la presència mediàtica dels jugadors depèn molt de les estratègies de comunicació del club. Quan un equip de futbol internacional adquireix un jugador, només és en part que interessen els seus resultats esportius, però tan important com això o més és l'atracció que el jugador exerceix sobre els mitjans. Cada vegada que el jugador apareix, ho fa també el club. Un jugador com Beckham val molt més com a icona mediàtica que com a futbolista, i efectivament alguns dels seus seguidors, i la major part de les seves seguidores, no es preocupen gaire per la seva decadència esportiva.

Un equip com el Reial Madrid sembla voler cada vegada més parasitar la fama dels jugadors, en comptes de treballar per millorar el nivell de joc de l'equip; el problema és que alguns bons jugadors es mantenen a l'ombra si la directiva del club no els considera importants en la seva estratègia de màrqueting i això, indubtablement, els desmoralitza.

Per al Barça, en canvi, es tracta de treballar primer el costat esportiu i, sobre la seva base, construir el valor mediàtic del club. En aquest cas la proposta sembla ser: juga bé i apareixeràs als mitjans, de manera que el teu valor de mercat s'elevarà. És a dir, la línia oposada a la de l'equip blanc.

79 / 100

ENS AGRADA QUE ENS MIRIN MENTRE HO FEM

La final de la Lliga de Campions de 2009 entre el FC Barcelona i el Manchester United, retransmesa per Antena 3 sense locució en català, va obtenir un 61,7% de quota de pantalla a l'Estat. D'aquesta manera es va convertir en l'emissió més vista de l'any.

Segons Sofres, el partit, emès a les 20.45, va tenir una audiència d'11.310.000, i va tenir un pic —el minut d'or— a les 22.36 hores, en què la quota de pantalla va assolir el 68,5% (14.577.000 espectadors), coincidint amb el final del partit. No cal dir que va ser a Catalunya on les dades es van enfilar més amunt: un 68,3% de l'audiència mitjana. També va aixecar força expectaviva a la resta del Països Catalans (Illes Balears: 67,6%, País Valencià: 62,3%). A llocs com Castella-la Manxa, sens dubte per la presència del jugador Andrés Iniesta a l'onze titular, la quota va arribar a xifres també estratosfèriques (66%).

A aquests espectadors caldria sumar-hi els del Canal+ (2,6%, 460.000 persones) i els de Canal+ Fútbol (0,9%, 174.000 persones), i això sense tenir en compte l'audiència als bars, impossible de mesurar. Tot plegat, fa unes xifres per sobre dels 11.944.000 (65,2%).

Una altra dada demolidora és que més de 24 milions de persones de l'Estat van veure el partit en algun moment, que és tant com dir la meitat de la població.

El poder de convocatòria del Barça és tan brutal que, a França, TF1 va obtenir 8,2 milions d'espectadors (quota del 33,6%), mentre que el segon programa més vist va arribar a 4 milions, amb un 16,1% de quota. Com és possible, sense cap equip francès a la final? Probablement per la presència d'Henry i Abidal, així com la dels africans francòfons Eto'o, Keita i Touré Yaya.

En poques paraules: el de 2009 va ser el partit més vist de la història de la Champions des que existeixen audímetres (1992).

És veritat que les xifres no arriben a les que van aconseguir dues cites de l'Eurocopa del 2008 en què hi havia el combinat estatal espanyol ni a la final de la primera edició d'OT de 2002 ni a l'Eurovisió que va comptar amb Rosa López. Però dintre dels duels de clubs, no hi ha precedents d'audiències semblants i comparar "Europe's living a celebration" amb l'art del futbol blaugrana és barrejar naps i cols.

Si deixem Europa i anem al món, que és l'escenari on s'exhibeix el Barça, un informe anual elaborat per Initiative que té en compte 54 països i en el qual s'analitzen esdeveniments esportius, indica que el 2006, després del Mundial, la Superbowl i la cerimònia d'apertura dels Jocs Olímpics d'Hivern de Torí (87 milions d'espectadors), en quarta posició, trobem el Barça de la final de la Copa d'Europa contra l'Arsenal (86 milions). Per fer-nos a la idea de què representa això, cal pensar que Fernando Alonso, amb tota la propaganada espanyolista al darrere, només va aconseguir que aquell any el Gran Premi del Brasil fos el 5è espectacle més seguit (83 milions d'espectadors). El mateix informe, un any després, col·loca la final de la Champions League entre l'AC Milan i el Liverpool en tercera posició, amb una mitjana de 72 milions de teleespectadors. És a dir, que el partit de futbol més vist de 2007 no va assolir les xifres de l'any anterior, quan hi havia hagut el Barça a la final.

80 / 100

GIRES MUNDIALS *VS* CINEMA ADOLESCENT

L'any 2006, a principis de la tasca d'investigació que portàvem a terme, i que ara veu la llum en aquesta publicació, vam tenir notícies de dos fets representatius: d'una banda, el Barça continuaria amb les seves gires asiàtiques per guanyar nous mercats, mentre que els blancs finalitzarien el rodatge d'un llargmetratge: *Real Madrid, la película*. Una excel·lent manera de palesar, una altra vegada, les profundes diferències entre ambdós equips, i la superioritat futbolística blaugrana.

El Barça conquista Àsia amb una arma clara: el bon futbol, sobre la base de la seva història i el seu prestigi. La idea és vendre la seva imatge per a la publicitat a l'altre costat del planeta, al costat del marxandatge i l'emissió d'un canal de televisió dedicat al futbol, el Barça TV, que podrà veure's a tota la Xina. D'aquesta forma, el club no només guanya noves fonts d'ingressos, sinó que també guanya molt el futbol com a esport, que es confirma a Àsia com l'esport rei, el més universal de tots. De la seva banda, al Madrid no se li ocorre res millor que treure una pel·liculeta vàcua per a adolescents, tractant l'equip com si fos un grupet d'estrelles del pop, barreja d'Hombres G amb Enrique y Ana.

Siguem seriosos: quines qualitats histriòniques podien desenvolupar uns veterans com Zidane o Figo; o Ronaldo, a qui podia venir-li bé el paper del grassonet de la classe? Potser qui més prometia era Beckham, sempre que no li donessin diàlegs llargs, ni el traguessin del seu paper de guapo de la classe.

A tots ens agradaria saber què pensen, en realitat, aquests grans futbolistes a qui, per ampliar els marges de beneficis dels socis del club, se'ls posa a fer el pallasso. No us preocupeu, que un dia o altre ho sabrem per boca de Zidane, l'imprudent.

81 / 100

CLASSE I DISTINCIÓ

Heu visitat les pàgines web del Barça i del Reial Madrid últimament? Doncs fixeu-vos bé en les diferències, diuen molt sobre els dos equips.

D'una banda la web del Barça ofereix versions en sis llengües (català, espanyol, anglès, japonès, xinès, coreà i àrab), mentre que la del Reial Madrid només en permet tres (anglès, espanyol i japonès). En el cas del Reial Madrid, la primera llengua oferta és l'anglès, l'idioma dels negocis. El Barça, en canvi, manté els vincles amb la terra oferint, en primer lloc, l'opció en català.

L'entrada a la pàgina del Barça és un elegant disseny que inclou, a més dels idiomes disponibles, l'escut de l'equip, el seu lema, i els principals patrocinadors; la web del Reial Madrid, ja des del principi, és un bombardeig de publicitat (no estaria malament saber quant costa aquesta pantalla a la dreta destinada a anuncis publicitaris, no relacionats amb el club, que interromp la lectura de tota la resta). La web del Barça, en canvi, no té publicitat que no sigui per a la casa.

Al Barça tots els esports on participa el club apareixen en primer pla, encara que el futbol es dugui després la part del lleó pel que fa a l'espai de notícies, calendaris i anuncis publicitaris. A la web del Reial Madrid només hi ha la possibilitat d'usar un enllaç que duu al basquetbol, però gairebé la totalitat de la informació està dedicada a l'equip de futbol, el més rendible.

A l'agost de 2009 una bona part de la informació que apareix a la web del Reial Madrid té a veure amb el fitxatge de Ronaldo, destacant-ne l'actualitat del fitxatge i donant a entendre que, ara, ell és l'equip (res sobre els altres grans jugadors, no són notícia). El Barça, en canvi, combina informació sobre fitxatges amb els calendaris de la pretemporada i les actualitats de les altres disciplines esportives.

A l'espai dedicat a presentar les fotografies del club, de nou Cristiano Ronaldo apareix en primer pla, deixant en un segon pla, però bastant lluny, el conjunt, del qual es diu, simplement, que és "un equip de luxe" (podria entendre's que a causa de la incorporació de Ronaldo).

La web del Barça, per la seva banda, deixa un ampli espai al treball solidari i a la cooperació, el fi últim d'una bona part dels beneficis que genera la Fundació (recordem que el Reial Madrid és una societat anònima destinada a generar beneficis per als seus socis, mentre que el Barça és una fundació que, per estatuts, ha de reinvertir tots els seus beneficis o fer-ne donació).

De l'observació i contrast de les pàgines web queda clara la vocació del Reial Madrid: parasitar la imatge dels seus fitxatges milionaris, tractant de rendibilitzar-los a còpia de màrqueting; i en canvi, a l'extrem oposat, la vocació solidària del Barça, que aporta els seus beneficis no a un grup d'inversors, sinó a poblacions necessitades.

Una raó més per exclamar: Força Barça!

82 / 100

NOSALTRES RESPECTEM ELS RIVALS: *WHAT'S THE MEANING OF CHORREO?*

Hi ha tants exemples de la prepotència blanca que donaria per escriure'n un llibre. Aquesta actitud de menyspreu la porta el Reial Madrid a l'ADN, què hi farem, encara que després la realitat s'encarrega de posar les coses a lloc, els humils són enaltits i els superbs cauen de la seva torre d'orgull —com diu la cançó.

Un exemple pres a l'atzar de la supèrbia blanca és una celebració dels gols per part de Ronaldo, Robinho i Roberto Carlos l'any 2005. Davant l'Alabès van celebrar un gol imitant un escarabat, amb l'esquena a terra i cames enlaire. Guanyes algú 3 a 0 i et dediques a escarnir-lo. Ronaldo, que té una mica de seny perquè va ser culer, va demanar perdó per l'espectacle després que el president de l'Alabès, Dimitri Piterman, els digués "pallassos". Ronaldo va explicar que es tractava d'una aposta, però Roberto Carlos va demostrar les seves maneres exquisides i el seu madridisme immaculat amb unes declaracions eloqüents: "Els brasilers som així, de la música, de la samba, de divertir-nos. El millor moment d'un partit és quan fas un gol i els gols els celebres com et dóna la gana." Com et dóna la gana, diu. Fas un gol i barra lliure, tot s'hi val. Fas un gol i el món t'ha de fer una reverència.

Per sort, de tant en tant es demostra que existeix la justícia poètica, una mena de justícia universal que situa les coses a lloc. Parlem, és clar, dels Beatles. Parlem, és clar, dels quatre de Liverpool.

Per si algú ha viscut a fora del planeta durant 2009, explicarem per què el Madrid són els Beatles. Copa d'Europa de 2009 (sí, la tercera que es va acabar adjudicant el Barça). Vuitens de final contra el Liverpool. A la presidència de la Casa Blanca, Vicente Boluda *Balam Bambú*, àlies el Breu, després que Calderón hagués dimitit per tupinada electoral. El profeta Boluda, delfí de Calderón, va declarar a la COPE: "Aquí vamos a ganar 3-0. Allí se van a abrir y les vamos a chorrear." Al partit d'anada, al Bernabéu, els blancs van perdre 0-1. Tocava remuntada, apel·lar a l'èpica, mobilitzar el madridisme, Fuenteovejuna i tota la pesca. El que va passar, però, és que vuit milions d'espectadors van presenciar a tot l'Estat la desfeta blanca: Torres, Gerrard (2) i Dossena. Quatre gols com quatre sols. Els quatre de Liverpool: The Beatles.

L'endemà, la premsa esportiva va tenir els titulars en safata. *Marca*: "Chorreo total al Madrid". *As*: "Casillas no merecía esto". *Mundo Deportivo*: "Eurochorreo". *Sport*: "4-0. Liverpool, cementerio blanco".

Aquesta és la gran diferència quan es tracta d'escollir un profeta: tenir del teu costat el profeta del gol, Johan Cruyff, o tenir el profeta Boluda enfonsant el vaixell des de dins. En resum, que la humilitat i la feina ben feta, l'estil blaugrana, són el camí de l'èxit, i no la fatxenderia galaicomesetària.

83 / 100

L'EFECTE GUARDIOLA: LA UNIÓ FA LA FORÇA

Sí, una frase horriblement gastada, ja ho sabem, però al món real, quantes vegades s'ha aconseguit aplicar?

Sempre que hi ha dues o més persones, allò de posar-se d'acord per aconseguir alguna cosa es complica; si a aquests dos (posem per cas, Pujol i Xavi), els sumem altres nou al terreny de joc; un president i uns altres paios també importants a la tribuna presidencial; una desena a la banqueta, un dels quals ha estat donant recomanacions al vestuari i durant els entrenaments; algunes desenes de milers a les graderies de l'estadi; més d'un centenar de miler fora de les graderies, però amb carnet; i finalment, alguns milions enfront de les pantalles dels televisors, no sembla tan fàcil allò de posar-se d'acord, oi?

El futbol professional dels grans clubs actuals és un garbuix tal d'interessos contraposats que difícilment algú pot, avui dia, tenir les coses clares. Per a la pregunta "qui és més important, els amos de l'equip o els socis que van a l'estadi?", hi ha mil respostes, i totes i cap correcta; i cada resposta té conseqüències al món real (per exemple, ¿és millor repartir beneficis que fer un fitxatge car o al revés?). Al capdavall, el que ocorre durant el partit sobre el terreny de joc és el reflex fidel de l'estat a què ha dut aquest joc d'interessos tan complex: tenen els jugadors la moral alta o hi ha hagut tensió amb l'entrenador? Està pensant l'entrenador a quedar bé amb el president del club o, per contra, vol fer-li la guitza i no es treu del cap el sucós contracte que li ha ofert el Sr. Tal? L'ordre als vestidors ha estat atacar durant tot el partit per quedar bé amb els seguidors o guardar energies per al partit de la Lliga de Campions de la setmana que ve? I un llarg etcètera.

Qui, finalment, ha de prendre decisions pràctiques (sobretot tàctiques) i assumir responsabilitats és l'entrenador. És ell qui dóna les ordres concretes per al partit i qui intenta dirigir, a través del capità, l'esquadra durant el joc. Si no hi ha química dels jugadors amb l'entrenador, o aquest no és prou capaç, encara que tingui un excel·lent equip és molt difícil que les coses marxin bé.

Un bon entrenador no necessàriament ha de ser un gran esportista (el millor exemple de mal govern és la selecció de l'Argentina, a les ordres de Maradona); ni un hàbil intermediari entre els interessos dels jugadors i els de la directiva; ni un tipus especialment dur, ni massa amistós. De fet, no hi ha fórmula màgica capaç de definir el que és un bon entrenador, així com tampoc un entrenador és bo sempre i eternament (recorden la diferència entre el Van Gaal de la primera i la segona etapes a Can Barça?). Com amb tantes coses, l'únic que es pot fer és mirar els resultats; i en aquest sentit, fora de qualsevol discussió, durant la temporada 2008-09 el Barça ha estat a les ordres d'un subjecte genial.

Citant un altre gran entrenador, Jordi Pujol, el dia que el Barça va guanyar la Lliga el 1991 i l'ànim dels barcelonistes no estava per a discursos llargs (com l'hi van fer saber bo i xiulant): "[Visca Pep,] visca el Barça i visca Catalunya!"

84 / 100

LA SORT JA HA ESTAT TIRADA

"Alea iacta est." Això va dir Juli Cèsar quan va creuar un rierol que avui no sabem del cert on és sense dissoldre el seu exèrcit, la qual cosa significava que la pròxima batalla podria ser contra el Senat de Roma, és a dir, contra els seus propis germans. Sembla que tot l'exèrcit va creuar sense replicar o, almenys, no hi ha cap testimoni que digui el contrari. I és que, com Alexandre el Gran, Juli Cèsar tenia el do de la paraula, era capaç de convèncer gairebé de qualsevol cosa a tot qui no fos el seu enemic (si naixés avui segur que tocaria el negoci immobiliari). Els seus discursos abans de la batalla, o després (sobretot si perdia), són memorables, i els seus llibres es llegeixen encara.

Molts dels grans líders de la història van desenvolupar aquesta virtut, alguns recorrent a baixeses (com Napoleó, que preguntava per la vida d'algun soldat, i després, en fer la revisió de les tropes, parlava amb ell com si el conegués de tota la vida) i uns altres, a frases seductores ("No tinc altra cosa per oferir que sang, esforç, llàgrimes i suor", va dir Churchill a la Segona Guerra Mundial... i se'l van creure!).

Nosaltres no podem saber si els discursos de Pep Guardiola al vestidor del Barça estan a l'altura de les paraules de Bolívar al Monte Sacro de Roma, però sigui com sigui, donen resultat: no només ho demostren els fets, sinó que els mateixos jugadors ho confirmen.

Amb un equip no gaire diferent al de la temporada anterior, tret de les incorporacions tan encertades d'Alves i Piqué, el Barça va passar de finalitzar la Lliga 2007-08 a dotze punts de distància del guanyador, a aconseguir el rècord històric del triplet (i el pòquer i el repòquer més tard) el 2009. Així, doncs, si Guardiola és la diferència entre l'abans i el després, ens trobem enfront d'un líder, i dels bons.

Com es fa per girar la truita? En paraules de Quique Álvarez, entrenador dels juvenils, a *Mundo Deportivo*: "Pep ho ha brodat. Semblava un equip mort amb grans jugadors. La ment funciona així. Al final és qüestió de cap. Al Barça i al Madrid és més difícil fer pinya. Com més estrelles, més individualisme. En un equip petit hi ha més unió."

A primera vista, Guardiola no és un tipus imponent (com els ja citats: Cèsar era massa prim, Napoleó i Bolívar eren uns taps de bassa, Churchill era anglès i Alexandre el Gran, bé, no se sap), però té una expressió i un espurneig a la mirada que mostren intel·ligència, i la seva biografia ens diu que ha confiat molt en l'esforç i la perseverança i poc en el talent nat (no era un futbolista veloç ni especialment dotat). Hi ha alguna cosa més allunyada de l'exemple que dóna el Madrid pagant una fortuna per fitxar Cristiano Ronaldo?

85 / 100

EL MESTRE I EL SEU APRENENT

La història del Barça posseeix tants episodis èpics que és difícil entendre com és que fins ara ningú no ha produït amb cap d'ells un bon guió per al cinema. Un dels capítols més memorables va tenir com a protagonista qui, tal vegada, hagi estat el millor entrenador del club, Johan Cruyff, un geni que, com un Mides de l'esport, va revolucionar el futbol i va transformar en or tot el que va tocar.

De la història de Cruyff al Barça es poden dir moltes coses, excepte que va ser tranquil·la. Va estar sempre marcada per la desconfiança dels directius, massa conservadors per als projectes revolucionaris del Mestre. Els seus inicis i, sobretot, el seu final en el club, l'apropen molt més a Sòfocles: expulsat de l'equip dos dies abans d'acabar la temporada pel president del Barça, Josep Lluís Núñez, va rebre del públic de l'estadi un suport obert, una confiança real, a força de pancartes i cants, cosa que mai va aconseguir de la directiva.

El Dream Team de Cruyff va arrossegar seguidors del món sencer, no només pels seus resultats esportius que es poden mesurar en lligues i copes, sinó pel seu estil de joc ofensiu, ràpid, i amb la pilota arran de terra; un futbol tan vistós com eficient, però difícil d'arribar-hi. L'alt nivell d'exigència, la inversió en temps i entrenaments que exigia aquesta modalitat de joc, va ser el taló d'Aquil·les del mític entrenador: la directiva sempre va demanar resultats immediats i això, amb el projecte de Cruyff, no es podia donar.

La temporada 2008-09 la directiva del Barça va confiar en un seguidor del Mestre assumint riscos i exposant-se a crítiques. El full de serveis pràcticament en blanc del jove Josep Guardiola donaven a entendre que posar sota la seva responsabilitat un equip com el Barça era massa, que la tasca li venia gran; però el català es va mostrar no només com un digne aprenent de l'holandès, sinó com un nou geni: un triplet de títols històric, un futbol vistós, un equip perfectament engranat, tot, en la seva primera temporada. El Pep Team es va enfrontar a rivals tècnicament superiors a aquells que li van tocar al Barça durant l'època daurada de Cruyff, i els va dominar sorprenentment bé (en queda la final de la Champions contra el Manchester com a testimoni), i l'ambient dintre i fora del terreny de joc era completament favorable al nou entrenador.

Si les coses segueixen en la mateixa línia pocs dubtaran que el Barça, amb Guardiola, ha trobat una espècie de Cruyff renovat, una reencarnació amb sort. Perquè aquesta vegada, de la mà d'un Laporta que pensa en el mig i llarg termini i no només en els resultats immediats, la química públic-equip-entrenador-directiva sembla, per fi, un objectiu assolit.

86 / 100

UNA BANQUETA QUE CREMA, PERÒ NO TANT

És difícil que a la Lliga es tingui tanta paciència amb un entrenador com a la Premiership anglesa. Al Manchester United, l'entrenador és Sir Alex Ferguson des de 1986! Pot semblar un temps excessiu, però el palmarès esvaeix els dubtes: 2 Copes d'Europa, 1 Recopa, 11 Premier League angleses i 5 Copes, entre altres trofeus, semblen un botí de mèrit. Un altre exemple de llibre és el d'Arsène Wenger. L'entrenador de l'Arsenal és a l'entitat des de 1996 i ha incorporat a les vitrines dels londinencs 3 lligues i 4 Copes. La conclusió és clara: la paciència acostuma a donar rèdits.

Què passa si comparem el Barça i el Madrid en aquest terreny? Doncs que la relativa estabilitat a la banqueta blaugrana contrasta amb el ball de noms a la madridista. En els últims 20 anys, en què el FCB s'ha afermat com a millor club del món, els jugadors de Can Barça han estat sota les ordres de nou entrenadors. La llista completa la copiem a continuació. 1988-1996: Johan Cruyff; 1996 i 2001-2002: Carles Rexach; 1996-1997: Sir Bobby Robson; 1997-2000 i 2002-2003: Louis van Gaal; 2000-2001: Llorenç Serra Ferrer; 2003: Jesús Antonio de la Cruz (2 partits); 2003: Radomir Antic; 2003-2008: Frank Rijkaard; 2008-avui: Pep Guardiola. Els períodes amb més èxits esportius coincideixen, no cal dir-ho, amb estades llargues a la banqueta.

Què passa, en canvi, a casa de l'etern rival? Doncs que el caos institucional ha propiciat un carrusel de noms sense fi i que entrenadors rebuts com a herois han sortit per la porta petita del club. La llista és tan llarga que ocuparà molt espai, però els fets són els fets, així que som-hi. 1989-1990 i 1999: John B. Toshack; 1990-1991: Alfredo di

Stéfano; 1991-1992: Radomir Antic; 1992: Leo Beenhakker; 1992-1993: Benito Floro; 1994, 1996, 1999-2003: Vicente del Bosque; 1994-1995: Jorge Valdano; 1996: Arsenio Iglesias; 1996-1997 i 2006-2007: Fabio Capello; 1997-1998: Jupp Heynckes; 1998 i 2004: José Antonio Camacho; 1998-1999: Guus Hiddink; 2003-2004: Carlos Queiroz; 2004: Mariano García Remón; 2004-2005: Vanderlei Luxemburgo; 2005-2006: Juan Ramón López Caro; 2007-2008: Bernd Schuster; 2008-2009: Juande Ramos; 2009-avui: Manuel Pellegrini. Algú ha tingut esma de comptar-los? Divuit entrenadors! El doble que al Barça per aconseguir, fet i fet, menys èxits esportius.

Aquest llibre no tracta de la història del Reial Madrid, però és difícil passar per alt que a la Casa Blanca la manca de sentit del ridícul ha portat a situacions de sainet pel que fa a la relació amb els entrenadors. Per exemple, n'han acomiadat algun la temporada que havien aconseguit la Copa d'Europa (va ser el cas de Heynckes). O dies després de guanyar la Lliga (va passar l'any 2003 amb Vicente del Bosque, doble campió de la Copa d'Europa). Hi ha hagut fugides de l'entrenador cames ajudeu-me abans que comencés la temporada (va ser el cas de Camacho l'any 1998, en què va entrenar el Reial durant 22 dies). Hi ha hagut castellanitzacions del nom d'entrenadors alemanys (Bernd Schuster, va ser Bernardo fins que va caure en desgràcia i va començar a barallar-se amb la premsa a còpia de "no hase falta que te dise nada más"). S'han donat sortides dels despatxos grotesques, com la de Toshack, que després d'haver dit que era més fàcil veure un porc volant pel Bernabéu que no pas que ell rectifiqués, va sortir de les instal·lacions blanques amb la música de Julio Iglesias del seu cotxe a tot volum.

Pel que fa al Barça, encara és aviat per saber si Guardiola marcarà una era o preferirà retirar-se aviat, ja que ha dit una i altra vegada que no té cap interès a aferrar-se a la banqueta blaugrana. En vista de les fites assolides, seria bo per als interessos culers que durés una mica més que el que acostumen a durar els seus homòlegs madridistes.

87 / 100

MOTÍ AMB SENY

En els temps que corren, amb tants empresaris aprofitant l'excusa de la crisi per reduir plantilles i esprémer encara més a qui es queda a l'empresa, el cas d'un grup de treballadors que, units, desafien el seu ocupador, aconsegueixen millores i després passen a la història, és tot un exemple heroic. I qui el pot donar? El Barça!

Fa vint anys va tenir lloc el que després seria anomenat Motí de l'Hesperia (pel nom de l'hotel on va ocórrer). En aquells temps remotíssims, quan el disc compacte acabava de sortir al mercat i el senyor Bill Gates encara no era el multimilionari més multimilionari del món, els drets d'imatge eren novetat a l'Estat espanyol. El Barça, òbviament, va ser-ne el pioner.

Després d'una batussa legal amb un jugador irrespectuós (Schuster, que tenia preparat el seu salt al Reial Madrid), van sortir a la llum els primers contractes d'imatge del regne, cosa que va alertar els amics d'Hisenda. Hisenda va trigar poc a engegar una cacera de bruixes cercant impostos.

L'assetjament als jugadors del Barça va ser tal que, desorientats, van demanar al president del club, l'incombustible Josep Lluís Núñez, que es responsabilitzés del pagament d'aquestes noves taxes; que no, que com a molt anaven a parts iguals, els va respondre. A parts iguals?, doncs llavors no juguem. Acomiadament massiu (incloent-hi el president del club), i nous contractes amb condicions particulars per a cada jugador.

Amb les noves condicions de contractació la direcció del Barça va comprendre que havia d'assumir més seriosament el seu paper de patró, protegir millor els jugadors del club. El resultat: el nou entrenador va ser ni més ni menys que el senyor Cruyff, el profeta del gol, l'artesà del que després seria anomenat el Dream Team, artífex de la segona edat daurada del Barça.

Els empleats van demostrar al camp de joc, guanyant títols i seguidors, que amb la moral alta es viu millor. A les cúpules del Barça hi va quedar gravada la lliçó i, encara que actualment els preus dels fitxatges no siguin els més alts del mercat, la pau entre jugadors i la directiva tendeix a ser una constant del club.

En resum: el motí va donar els seus fruits, els de dalt van assumir responsabilitats i l'equip va arribar a objectius als quals mai no s'havia pogut arribar.

88 / 100

AL BARÇA, DISCIPLINA ALEMANYA?

No, molt més que alemanya; després de guanyar el Bayern de Munic per 4-0 a la Lliga de Campions 2009, l'entrenador Pep Guardiola va declarar: "M'emociona que ens esforcem tant. Insisteixo que a cada entrenament ho donin tot. Aquest és el camí i intentarem, al final, seguir així." I van seguir així, fins al punt que no hi va haver títol que se li resistís al Barça.

Evidentment, els entrenadors hi són per demanar el màxim als seus jugadors, però els jugadors no sempre tenen l'ànim de donar-ho tot. Perquè els jugadors es buidin d'aquesta manera cal que es produeixi un conjunt de circumstàncies molt especials, una mena de quadratura del cercle.

Bàsicament, és un tema de moral dintre de l'equip, i perquè la moral de l'equip estigui alta, un dels requisits principals és que hi hagi una bona connexió amb l'entrenador. El mateix Guardiola es declara hereu de l'esperit esportiu de Johan Cruyff, el llegendari entrenador de la segona edat daurada del Barça, a principis dels noranta. Bàsicament, ell aposta pel treball dur i en equip més que per festejar les grans estrelles del futbol internacional; d'altra banda, el seu treball, la seva implicació, la humilitat de les seves declaracions i la claredat de les seves idees reflecteixen la serietat del seu objectiu.

En canvi, al Reial Madrid ocorre exactament el contrari: l'equip sembla ser només un teló de fons perquè alguns futbolistes multimilionaris surtin per pantalla mostrant el perquè de la seva fama. Quan l'equip blanc retransmet els seus entrenaments, l'interès se centra en com caminen, com fan broma o com fatxendegen les grans figures més que en el treball dur de l'equip. I és clar, sobre el terreny de joc, amb un contrincant de nivell al capdavant, si no tens un bon pla muntat i només confies en el talent d'alguns futbolistes interessats a atreure l'atenció de les càmeres, les possibilitats de reeixir i que les coses surtin bé no semblen gaire altes.

89 / 100

LA BELLESA DE LES COSES PETITES

Als anys setanta, un economista nascut a Alemanya però establert a Anglaterra (encara que en realitat va passar la seva vida movent-se per tot el món) va publicar una crítica contra l'expansió il·limitada i la premissa dominant que "més és millor". El llibre de Fritz Schumacher *Small is beautiful* (que en català es podria traduir per *La bellesa de les coses petites*) argumenta, entre altres coses, que en temps difícils les empreses mitjanes o petites tenen més flexibilitat i capacitat de supervivència que les gegants. El seu llibre es va vendre i es va traduir per tot el món, i encara que moltes de les seves premisses han envellit, d'altres no ho han fet tant: es comprova fins a quin punt tenia raó quan, amb la crisi, algunes de les primeres i més doloroses víctimes han estat les grans automotrius nord-americanes.

Però, què té a veure tot això amb el futbol? Molt, sobretot ara que un club professional és més una empresa que una entitat esportiva. Actualment els clubs de futbol més importants (a Anglaterra, Itàlia o l'Estat espanyol) competeixen per captar mercats a escala mundial, sobretot a Àsia. Cadascun d'ells té les seves estratègies de mercat i, segons elles, dissenyen el seu producte (l'equip). En tractar-se d'un negoci "nou", cada marca experimenta per trobar el millor disseny, i allà on el Reial Madrid, per exemple, emfasitza el costat *fashion* dels seus jugadors, el Barça aposta per la idea del joc bonic i el treball en equip.

No obstant això, és important que, independentment de l'expansió, un club com el Barça no oblidi els seus orígens ni perdi les seves perspectives. Schumacher destacava els avantatges, a les petites i mitjanes empreses, del tracte directe entre el venedor i el comprador, de la proximitat que dóna confiança. Per a un Barça que sempre ha accentuat el seu caràcter popular, aquesta proximitat ha estat una constant; que es mantingui o no ara que està en procés la mundialització del club depèn directament de les decisions dels seus directors, i de la pressió dels seus socis. Mantenint la filosofia de cohesió que ha regnat a l'equip la temporada històrica 2008-09, hauria de poder aconseguir-se.

90 / 100

COBRAR SENSE TREBALLAR

Això és el que sembla que va passar el 16 de maig al final de la Lliga BBVA 2008-2009: el Reial Madrid perd un partit i el Barça guanya sense jugar.

Però malgrat les aparences (el somni daurat de qualsevol caçador de l'atur forçós), per als blaugrana la victòria ve d'una excel·lent temporada, conseqüència d'un treball seriós imposat pel nou entrenador, Pep Guardiola, que ha aconseguit dissenyar un equip amb un futbol vistós i sobretot efectiu.

Entrenaments constants, preparació dels partits, estudi de les fortaleses i debilitats dels equips, una estratègia clara basada en tàctiques encertades, en síntesi, un gran professionalisme que, sobre la base de l'agut trident per a l'atac (Eto'o, Henry i Messi), i el mig camp exemplar (Xavi i Iniesta), ha aconseguit estructurar una maquinària destinada a l'atac i a la possessió de la pilota, que no ha trobat qui la detingui en tot Europa. El Pep Team no deu el triplet a l'atzar, sinó a la claredat d'idees i al treball dur.

En canvi, de l'altre costat, al Reial Madrid, sembla que la lògica és la dels diners fàcils: grans sumes circulant i uns resultats esportius que no s'ajusten al preu de l'equip. Per a la temporada 2009-2010 el gran beneficiari dels fitxatges milionaris del Reial Madrid és Cristiano Ronaldo; és clar, els equips galàctics necessiten pressupostos astronòmics i aquesta vegada, en plena crisi, el Reial Madrid trenca el rècord de diners pagats per un jugador. Enhorabona! El coratge amb què juga Puyol cada partit "no té preu", però realment el somriure d'anunci publicitari del jugador portuguès val tantes vegades més que el cor del català?

Si parlem de l'impacte mediàtic (l'única cosa que podria justificar l'exagerat valor d'un esportista, fins i tot amb un bonic somriure) la cosa no està tan clara: la temporada 2008-2009 Messi, amb el seu aire tímid i la seva cara de nen bo, poc amic de titulars en la premsa rosa, ha vençut Ronaldo; però aquest tema dóna per a un estudi en profunditat diferent.

El fet és que el Reial Madrid paga fortunes per disposar d'un equip vistós, convertint el club de futbol en l'equivalent a una agència de *top models*. Perfecte, és la seva política, però si el futbol es redueix a una desfilada de celebritats, per què no deixem l'organització de la Champions League en mans de la gent de Versace?

91 / 100

LES AMERICANES DE SALA I MARTIN

És una veritat indiscutible que en aquesta vida no es pot agradar a tothom. De la mateixa manera, tenim tot el dret del món de pensar que algú és un cretí. Així que, malgrat que de petits vam anar molt a missa i vam cantar moltes vegades allò del "Viva la gente", hem d'assumir que el món és ple de gent de tota mena i hi ha qui ens cau simpàtic, hi ha qui ens és indiferent i gent que, ras i curt, abominem. A nosaltres, en particular, sí que ens agrada Xavier Sala i Martin, l'home de les americanes impossibles. Primer de tot, pel seu perfil professional d'economista de talla internacional. Nascut a Cabrera de Mar l'any 1963 però nacionalitzat nord-americà amb el nom de Sala-i-Martin, és professor d'economia de la Universitat Colúmbia des de 1996 i professor visitant de la Universitat Pompeu Fabra. Ha estat consultor del Banc Mundial i del Fons Monetari Internacional, i actualment és assessor del Fòrum de Davos. Liberal convençut, un dels seus centres d'interès ha estat posar de relleu el dèficit fiscal de Catalunya causat per l'Estat espanyol, i no per una maledicció bíblica d'origen desconegut. Sala i Martin l'any 2002 va resultar el vuitè en la classificació dels 1.000 economistes més citats del món i el seu nom fins i tot ha estat a les cases d'apostes britàniques com a candidat al Nobel d'economia.

D'altra banda, també és una persona que sintonitza perfectament amb els ideals blaugranes, els del club que patrocina l'Unicef. Sala i Martin és patró fundador de la Fundació Umbele, dedicada a l'ajuda al desenvolupament de l'Àfrica, sobretot mitjançant l'escolarització dels infants, promoció de la dona, ajuda a refugiats i foment dels petits negocis.

Pel que fa a la seva vinculació al Barça, n'ha estat president de la comissió econòmica (des del 23 d'abril de 2009) i entre el 26 de juliol i el 22 d'agost de 2006 va presidir la comissió gestora que dirigí el club fins que Joan Laporta fou proclamat president per segona vegada consecutiva.

En l'àmbit periodístic, destaca la seva col·laboració com a columnista i articulista en diversos mitjans de comunicació del país (fonamentalment *La Vanguardia*) i també la seva presència en tertúlies televisives i radiofòniques (RAC1). Encara cuegen les preguntes provocadores que va fer a José Montilla, candidat l'any 2006 a la presidència de la Generalitat de Catalunya. Per qüestionar el catalanisme del candidat, Sala i Martin va preguntar-li sobre la primera estrofa del Virolai i el final del llibre infantil *El zoo d'en Pitus*. Montilla, un polític en aparença tranquil, va abandonar l'entrevista engaltant-li frases com ara: "Ets un sectari ple de prejudicis".

Però deixem de saquejar la Viquipèdia. En un món del futbol en què hi predomina la gomina del madrileny *way of life*, Sala i Martin és el contrapunt a tants cabells planxats i lluents. Les seves americanes són literalment indescriptibles, algunes fins i tot úniques, amb el comú denominador de ser llampants i estrambòtiques. Mirarem de descriure'n alguna amb un esforç titànic. Taronja butà amb solapa i guarniment de la butxaca del pit amb franges blava i grana. Rosa. Lila. Verd poma. Blau elèctric. Groc llimona. Groc fluorescent. Blanc. Blau i or (com si fos el vestit de feina d'un matador de toros). Verd setinat amb estampat de vaques. Americana de lleopard. Americana de zebra. De tortuga o alguna cosa per l'estil. I per si encara fos poca cosa, una plena de fotografies, estrenada en ocasió de la "1a Trobada a Catalunya d'Amics del Facebook del Xavier Sala i Martin".

Hi ha qui retraurà a Sala i Martin que estigui massa significat políticament, el mateix retret que es fa ara i adés a Joan Laporta. Aquesta objecció només es fa quan el candidat és catalanista o sobiranista (eufemisme de moda per referir-se a l'independentisme). En canvi, si el president és afí al Partit Popular, com passava amb Núñez i Joan Gaspart, el discurs és que no s'han de barrejar política i esport.

Per apropar-nos una mica més al perfil del candidat hipotètic, citarem una entrevista publicada a l'*Avui* el 7 de setembre de 2009, un reguitzell de provocacions de Salvador Sostres, que té perles tan sucoses com aquestes:

Salvador Sostres: Vostè és massa intel·ligent per ser president del Barça.

Sala i Martin: "Massa intel·ligent" és un concepte que no existeix. El Barça té el repte històric de deixar de ser el Circ Cric (local) i ser Disney (global). Som una fàbrica de somnis amb el món sencer pendent de l'art que el nostre equip crea amb la pilota. Per fer-ho possible, hem d'estar al grup de les 5 o 10 empreses futbolístiques que en els propers anys sobreviuran al repte de la megaglobalització. Hem de decidir si som Disney o el Betis. Ningú no és "massa intel·ligent" per afrontar aquest gran repte.

De debò que són les paraules d'un provincià? Diria això algú que no té nocions sòlides d'economia? Que l'arbre no ens impedeixi veure el bosc. O el que és el mateix: que els dissenys gloriosos d'americanes, que enlluernen al costat dels comtes Dràcula de gomina i cabells planxats, no ens impedeixin entrellucar l'economista brillant.

92 / 100

ATRAPATS A LA XARXA

Més enllà d'estadístiques històriques, rècords del passat, dades tretes de les hemeroteques, les nostres investigacions tenen també l'obligació de considerar les noves fonts d'informació. I, no hi ha dubte: avui en dia la referència és Internet i, dins de la xarxa, Google és el cercador més utilitzat. Si avui dia ser a Google és bàsic per a qualsevol entitat, institució o empresa, si avui no ets ningú fins que apareix el nom en els resultats del cercador i no hi ha millor mesurador d'índex de popularitat, especialment entre el públic jove, emergent, tecnològicament il·lustrat, és evident que havíem de sotmetre el nostre assumpte al veredicte del cercador. El resultat, una vegada més, és eloqüent.

Realitzada la prova l'1 de juny de 2007 a les 8 hores GMT, en un ordinador MacBook Pro amb processador Intel Duo Core i connexió a Internet ADSL de dos megabits a través d'un encaminador sense fils, "real madrid" va donar 6.800.000 resultats, mentre que "barça" en va oferir 8.950.000. La dada és concloent. Creiem que tots hi estarem d'acord. Només queda interpretar-la i, en fer-ho, no podem evitar pensar que es tracta d'una dada rellevant i il·luminadora, amb matisos diferents d'altres resultats. Aquí parlem de la informació que ha estat capaç de generar un i altre equip, no només pels seus propis mitjans, sinó a través de les opinions, els treballs, els textos, les fotografies, els vídeos, qualsevol suport informatiu, en definitiva, elaborat per periodistes, comunicadors i, sobretot, simples aficionats: una massa d'informació que es transforma dia a dia, creix i no creu en prejudicis ni dades d'hemeroteca.

Aquesta dada apunta sens dubte al desenvolupament d'ambdues entitats en el futur. I el futur és, pel que es desprèn de la recerca, blaugrana.

93 / 100

EL BARÇA DÓNA MÉS TEMA DE CONVERSA

El nord-català Lluís Colet, rècord Guinness pel seu discurs de 24 hores i 21 minuts sobre Salvador Dalí l'agost del 1999, havia preparat l'assalt al títol amb un discurs anterior una mica més breu (de només 24 hores) sobre el Barça, un discurs repetit dues vegades: una a la capital de Catalunya, i una altra a Perpinyà coincidint amb la Trobada Mundial de Penyes Blaugranes de l'any 1995. El 2004 es va superar i, en ocasió del 40è aniversari de la visita triomfal de Dalí a Perpinyà, va parlar del geni empordanès... 48 hores i 21 minuts!

Aquest infatigable orador fa un acte i un discurs a l'estació de trens de Perpinyà cada any des del 84, per commemorar que el 27 d'agost de 1965 Dalí va tenir la revelació que el centre del món era allà. Lluís Colet també posseeix el rècord del corbatí més gran del món, corbatí que llueix els colors del Barça i signat pels jugadors campions d'Europa del 1992. És amb aquesta corbata de llacet que Colet (cognom que, dissortadament, en alguns parlars catalans sona igual que la paraula que tant li agrada al Shin-Chan: culet) ha batut tots aquests rècords de parlaments sense pauses i en català.

Aquest surrealista nord-català no és per a alguns més que un emblema *freak*, però es tracta d'un estudiós de la història de la Fidelíssima Vila, guia del museu Casa Pairal del Castellet de Perpinyà on es custodia la Flama del Canigó i president de l'entitat perpinyanesa Amics del Centre del Món. La consagració popular del personatge s'ha vist reforçada en els últims temps amb la cançó que el grup Glissando li ha dedicat al disc *Surplus* ("Colet a Nova Caledònia"). Cols, pans de tres crostons, rellotges tous, banderes catalanes, vestits extravagants i una foto del mestre de Cadaqués solen ser part de l'escenografia del conferenciant. I el corbatí del Barça, és clar.

Total: que si aquest personatge ha estat capaç de parlar del Barça durant 24 hores és perquè l'equip dóna per a això i, m'atreviria a dir, per a molt més. Si l'exemple de Colet fos la norma entre els afeccionats blaugranes, estic segur que guanyaríem totes les discussions de taulell de bar amb els repatanis del club de la capital espanyola. Les guanyaríem sempre fins i tot sense tenir raó, només per esgotament del contrincant.

94 / 100

EL BARÇA FOMENTA LA VENDA DE COTXES

En aquesta crisi econòmica que ens està tocant viure, davant de la davallada en la venda de vehicles i per salvar llocs de feina del sector, el govern central ha decidit subvencionar amb 2.000 euros l'adquisició d'aquest bé de consum. Però l'any 2006 no va caldre cap pla 2000 per estimular el món del motor: quan les lletres de les matrícules van assolir la combinació FCB, els vehicles de dues i quatre rodes van volar dels concessionaris. Durant uns dies va ser possible fer-se amb un cotxe que portés el dorsal del jugador favorit (el 0010 de Ronaldinho, abans que caigués en desgràcia davant de la culerada) o qualsevol de les tres dates mítiques de consecució de les tres copes d'Europa: 1992 FCB, 2006 FCB o 2009 FCB —aquesta última, encara una profecia quan els vehicles es van posar a la venda—. També la 1899, any de la fundació del club, o la 1974, any de la Lliga de Cruyff, van ser matrícules cobejades. Curiosament, allà on es van adjudicar més plaques amb les tres lletres va ser a Madrid, on en van correspondre 3.650 (a Barcelona només en van tocar 1.228).

El barcelonisme d'un redactor de *20 Minutos* es va delatar en unes sumes poc ortodoxes: explicava aquesta mateixa notícia i parlava d'11.700 matrícules. Però els números canten: amb plaques que van del 0000 al 9999, si són correlatives, hi ha 10.000 possibilitats.

Malauradament, les matrícules no es reservaven, de manera que el número era pura casualitat. El que sí que es podia fer, i va haver-hi conductors que van demanar-ho al concessionari, era comprar el vehicle i no matricular-lo fins que Trànsit no comencés a repartir les matrícules amb la combinació de lletres FCB.

Els seguidors més acèrrims, però, potser es van endur alguna decepció. I és que les matrícules com les de les desfetes de Sevilla i Atenes (1986 i 1994, respectivament) també eren al bombo.

Els seguidors periquitos, en un futur llunyà, podran aspirar a una matrícula RCD. Però, i els seguidors del Madrid? Ja es poden trencar la closca, que no podran sortir mai a les matrícules: RMA és impossible perquè les vocals no hi poden figurar.

95 / 100

MON PARE ÉS DEL MADRID

La fidelitat als colors d'un equip té a vegades explicacions pintoresques. Per exemple, a principis dels anys 80 va haver-hi una colla de gent que es va fer seguidora de la Reial Societat i del Bilbao. Van ser els anys que els dos principals clubs bascos van aconseguir sengles lligues cada un: la 80-81 i la 81-82 els guipuscoans; la del 82-83 i la del 83-84, els biscaïns. Mai no en podrem treure l'aigua clara, però hi ha teories raonables que parlen d'allò de donar pa i circ per entretenir el País Basc en temps en què ETA era especialment sanguinària. També hi ha qui simpatitza amb l'Atlètic de Madrid per la Lliga del 1995-96, quan presidia el club en Jesús Gil y Gil (i tal i tal). No cal dir que els èxits esportius dels tres clubs citats tenen molt de mèrit, ja que només ells, més el Super Dépor entrenat per Jabo Irureta (1990-2000) i el València de Rafa Benítez (2001-02 i 2003-04) han pogut trencar en els últims 30 anys l'alternança de blaugranes i blancs pel que fa a la consecució de la Lliga.

Però a banda de l'enlluernament que provoca la marxa triomfal d'un equip, el més habitual és que els fills heretin la fe en els colors que els inculquen els pares. "Sóc del Madrid perquè mon pare és del Madrid." Entesos. D'acord. Però arriba un punt en què la gent evoluciona, madura i pensa per si mateixa. I si pensa bé, s'acaba fent del Barça. Aquest seria el procés normal, si més no, a casa nostra. No és que ser del Barça sigui una obligació. Només faltaria! Ara bé, que ser seguidor del Madrid només perquè els progenitors o un d'ells tenia mal gust tampoc no sembla un motiu de pes per perseverar en l'error.

Un amic ens explica que son pare és del Madrid perquè va néixer accidentalment a Barajas, malgrat que després ha viscut tota la seva vida a Catalunya. Només per haver nascut a la província de Madrid, i per contradir un pare culer, es va fer seguidor del club blanc. Malauradament per a aquest madridista, com que la història és cíclica, tots els seus fills són seguidors del conjunt blaugrana, sens dubte guiats per l'esperit de contradir el pare, matar-lo (en terminologia freudiana, volem dir) i també seguint la lògica de l'ambient i dels resultats esportius a Can Barça.

Així, doncs, si vostè és pare i culer, vigili que son fill no li surti carbassa. I si es fa dels blancs, resi el que sàpiga i encomani's a santa Rita, que el jovent sovint és impulsiu, però amb el temps posa seny i acaba trobant el camí i la veritable fe.

96 / 100

EL FUTBOL CLUB BARCELONA NO ÉS CAN RÀBIA

No és cap secret que les relacions entre els presidents Laporta (FC Barcelona) i Dani Sánchez-Llibre (RCD Espanyol) han estat difícils. Les escenes de desavinences i menyspreus fan venir vergonya aliena, tots dos a la llotja, costat per costat i sense dirigir-se la paraula. Però, què hi ha en el rerefons d'aquesta antipatia tan poc dissimulada?

D'entrada, cal dir que el RCD Espanyol és considerat per molts alguna cosa així com una sucursal del Reial Madrid a Catalunya. És un clàssic que en els enfrontaments entre l'equip de la capital del regne i els espanyolistes hi predominin els aplaudiments i els crits d'ànim al Madrid. Francament, un club que a casa seva es deixa passar la mà per la cara és una entitat amb poca autoestima. D'altra banda, amb l'Espanyol és segur que es compleix una veritat que amb el Barça no funciona; en segon lloc, molts dels seus seguidors són del Madrid. Talment com un seguidor del Valladolid o del Numància escull també l'equip de la capital en segon terme. Amb naturalitat, sense complexos.

De la mà d'aquesta simpatia vers els madridistes hi ha l'odi a tot el que pugui representar el món blaugrana. Els gols de Tamudo que van privar el Barça d'aconseguir la Lliga 2006-07 (un empat a 2 al Camp Nou, amb dos gols del capità blanc-i-blau, un al minut 89) van ser celebrats per la parròquia perica com si haguessin aconseguit la Copa de la UEFA. I això que les ocasions d'alegria no sovintegen a Can Ràbia: només a l'última dècada, han hagut de celebrar tres cops la permanència miraculosa a primera (2002-03, 2005-06 i 2008-09).

Dos esdeveniments recents han tornat a posar de relleu per què les dues entitats són la nit i el dia. Es tracta del que ha succeït amb Noemí Rubio i Jonathan Soriano, dos noms que a partir d'ara són tabú per als seguidors pericos.

Noemí Rubio va sortir en unes fotografies de la xarxa social Facebook vestida de blaugrana, amb la cara pintada d'aquests colors i bufanda del Barça, durant la final de la Copa de 2009, a la qual la jugadora es va desplaçar. L'Espanyol va reaccionar expedientant-la i apartant-la de l'equip. La vallesana, formada a les categories inferiors del Barça, va tornar mesos després a la disciplina blaugrana, ja que els pericos no van valorar gaire quatre anys de full de serveis impecable.

Quant a Jonathan Soriano, la "perla enfosquida" (Jordi Colomé Batlle dixit), ha fitxat pel Barça Atlètic. Un jugador que entre la manca d'oportunitats per allò que Raúl Tamudo li feia de tap, les ocasions desaprofitades i les lesions inoportunes, havia anat de més a menys.

El cas és que l'exdavanter de l'Espanyol ha signat per una temporada i una altra opcional amb el filial del Barça, que milita a la Segona Divisió B, a les ordres de Luis Enrique. Precisament en aquesta categoria havia estat màxim golejador amb el filial blanc-i-blau, malgrat que només hi va jugar una volta, quan tenia 16 anys. El temps ha passat, però Soriano, nascut el 24 de setembre de 1985, encara és jove i ha fet un pas enrere per mirar de fer-ne dos endavant: convèncer els tècnics blaugranes que pot jugar amb el primer equip, el de Primera Divisió. "Tenia ofertes de categories superiors, però no es pot jugar al Barça cada dia", es llegeix a la web del FCB. I encara va afegir: "A l'Espanyol no em van deixar ser futbolista, no em van donar oportunitats. Per això em vaig haver de buscar la vida en un altre lloc i ara disposo d'aquesta oportunitat."

Queda clar que, si algun club té vocació de donar als joves l'oportunitat que es mereixen, aquest és el que té al primer equip uns jugadors provinents del planter valorats en 187 milions d'euros. Difícilment arribaran a Can Ràbia a la meitat de la meitat d'aquesta xifra.

97 / 100

NOSALTRES TENIM MÉS SENTIT DE L'HUMOR

Contràriament al que sol divulgar la propaganda madridista, l'aficionat culer es caracteritza per un sentit de l'humor que en podríem dir britànic (no debades entre els fundadors del Barça hi havia una bona colla d'anglesos). Una bona mostra d'això és l'existència d'un dibuix animat durant una pila d'anys, el Jordi Culer, que manifestava en sobreimpressió durant els partits de futbol quins eren els sentiments dels aficionats blaugranes.

El dibuix el va crear el dibuixant Òscar Nebreda, col·laborador habitual de la revista satírica editada a Barcelona *El Jueves* (efectivament, la revista que va vendre més exemplars que mai gràcies a un segrest de portada amb la princesa Letizia i el príncep Felip fent l'amor, per dir-ho d'alguna manera). El Jordi Culer va començar la temporada 1990-91 i va aixecar polseguera de seguida, sobretot quan el 8 de setembre de 1990, a la 2a jornada de Lliga, es va retransmetre un Sevilla-Reial Madrid. Eren els temps de la televisió en obert i a tot l'Estat es va veure per les autonòmiques com apareixia el nino celebrant que Hugo Sánchez havia fallat un penal amb 0-0 en el marcador, penal que va detenir el porter sevillista Unzué (anys després entrenador de porters a Can Barça)

El Reial Madrid, demostrant una manca de sentit de l'humor esparverant, va actuar com solen fer a les Espanyes: vetant la televisió pública catalana, prohibint l'entrada dels seus càmeres al Santiago Bernabéu i no fent declaracions per a TV3. Els jugadors blancs van deixar caure perles lamentables. Míchel va declarar: "És un símptoma d'enveja i de no saber guanyar. Ho dic per TV3, no per l'afició del Barcelona, a la qual, en la seva immensa majoria, segur que no li ha agradat." (Vols dir?) Gordillo va opinar que allò havia estat una "pallassada" i una "grolleria". (És clar que és una pallassada. L'humor ja és això. Has sentit parlar de Charlie Rivel?) Pel que fa a Chendo, a penes es va mossegar la llengua: "Si dic el que penso, potser s'empiparien; per això no vull comentar res ara." (D'acord: muts i a la gàbia.) Quant a l'inefable Hugo Sánchez, ens va impartir una classe de bones maneres: "És una falta de respecte. Ha d'exigir-se sempre respecte en qualsevol professió, ja que quan no hi ha respecte és difícil que existeixi educació." (Ves qui parla! El campió dels insults dintre del camp, el davanter que més va impressionar el repartidor de llenya Pablo Alfaro.)

Pel que fa al president blanc, Ramón Mendoza, autor de l'inoblidable *Dos pelotas y un balón*, va declarar que allò era "un fet inadmissible en una televisió pública [...], lamentable i vergonyós".

El resultat va ser que, dies després, TV3 va demanar disculpes al Reial Madrid a través d'una carta dirigida a Ramón Mendoza. Mendoza va acceptar les disculpes i en Jordi Culer, cada vegada que el Madrid encaixava un gol o fallava una ocasió, va haver de conformar-se a aparèixer als televisors posant-se una cremallera a la boca i arquejant les celles.

Però en Jordi Culer era sobretot sinònim de gresca i xerinola. Qui no recorda els gols d'en Romário acompanyats del Jordi Culer, que convidava unes mulates a acompanyar-lo amb un: "Niñas, al escenario, que ha marcado... Romário!" Llavors travessaven la pantalla un grup de brasileres ballant samba al costat del nino. També emmarcava gols d'antologia, amb un marc de quadres, o expressava amb tremolors les pors del barcelonisme quan anaven mal dades.

El 28 d'octubre de 2006 es va posar en marxa una campanya perquè el Jordi Culer tornés a les retransmissions televisives dels partits del Barça, però de moment la seva reaparició sembla ajornada *sine die*. Algú s'imagina què podria haver estat la temporada 2008-09 amb una companyia tan recomanable?

98 / 100

UN BOTI-BOTI PEL BARÇA

A algunes persones Jimmy Jump els pot semblar un personatge carregós, a més d'estrambòtic. A d'altres, un pesat a la recerca de notorietat que, a sobre, aconsegueix que multin el Barça. A molts, un culer simpàtic que, després d'unes accions aparentment innòcues, ha posat davant dels ulls de tothom fets reprovables. Aquest últim és el cas del salt a l'estadi Saint Jakob Park de Basilea, durant el partit de la semifinal de l'Eurocopa 2008, Alemanya-Turquia, amb una samarreta que deia "Tibet is not China", fins que va ser blocat pels guàrdies del camp. La televisió suïssa va emetre les imatges, encara que la UEFA les va censurar a altres televisions. Sigui com sigui, en Jimmy Jump seguirà vinculat al principal club de Catalunya d'aquesta manera seva tan peculiar: saltant.

És cert que darrere dels salts hi ha poca substància. Jimmy, a la seva pàgina, d'això de saltar en diu "filosofia" (sic) i liquida la qüestió en quatre ratlles que es poden resumir així: si algú li demana que salti en algun lloc, ell ho farà. I que els patrocinadors són benvinguts. D'acord. Però, qui és en realitat Jimmy Jump? Es tracta del nom artístic de Jaume Marquet Cot, un agent immobiliari que forma part de la nissaga dels *streakers*, terme anglès amb què es coneix els especialistes a irrompre en els espectacles esportius que tenen més seguidors. Cal dir, però, que en Jaume Marquet acostuma a saltar amb samarreta, bandera i barretina, mentre que l'*streaker* més conegut del món, el britànic Mark Roberts, hi afegeix una filigrana: actua nu.

La primera aparició de Jimmy Jump va ser al Camp Nou, on va saltar en un partit contra l'Alabès per retre homenatge al Pitu Abelardo, amb la samarreta que l'asturià portava a Rotterdam a la Recopa del 97. També ha saltat en espectacles de tennis (per cofar Carles Moyà amb una barretina) o de bàsquet, i s'ha deixat veure al costat de gent del món de l'espectacle i la faràndula (*Crónicas marcianas*, *Hotel Glam* i *Operación Triunfo*).

L'estiu de 2006 es va estrenar una pel·lícula sobre en Jimmy i altres *streakers*: *Jump! The World Greatest Streakers*. Al tràiler promocional, Jimmy Jump sintetitza que tot plegat es tracta d'acomplir el somni de fer-se una estrella. Tot seguit es veu un bust de Dalí amb la barretina d'en Jimmy. El saltador català, en un anglès macarrònic, acaba dient: "for freedom and for fame" (per la llibertat i per la fama).

Amb aquests elements a la mà, i fent una visita a la pàgina de Jimmy Jump, algú podria pensar que en Jaume Jimmy Jump no toca ni quarts ni hores. Tal vegada no. Però veure'l córrer amb una bandera del Barça a una mà i una estelada a l'altra per posar-li una barretina a Eto'o el dia de la Diada Nacional, mentre el Camp Nou dempeus l'encoratjava, és tot un espectacle. Encara que quan es va guanyar més simpaties entre el barcelonisme va ser el 4 de juliol de 2004, durant la final de l'Eurocopa de 2004. En aquell partit entre Grècia i Portugal va llençar una bandera del FC Barcelona al capità portuguès, que ho havia estat del Barça i que va anar-se'n al Reial Madrid l'any 2000. Reprovable, multable, el que vulgueu... Però algú s'atreviria a dir que no va complir el somni de centenars de milers de barcelonistes?

99 / 100

NUÑITO DE LA CALZADA

Nuñito de la Calzada, un creuament virtual del president Núñez i de Chiquito de la Calzada, ara ja només existeix en la nostra memòria televisiva i al Facebook (on comparteix espai amb Jesucrist, Elvis o el Che Guevara), però durant un temps va ser una vàlvula d'escapament dels barcelonistes per riure de les misèries d'un club que a voltes feia pena. Per contextualitzar aquest híbrid cal explicar abans succintament qui va ser el president Núñez i qui és Chiquito de la Calzada.

Josep Lluís Núñez i Clemente (Barakaldo, 1931) construí un important grup immobiliari, l'empresa Núñez y Navarro, i esdevingué un dels empresaris més destacats del sector. Va presidir el FC Barcelona des de 1978 fins al 2000, quan va dimitir després de superar una moció de censura de la plataforma opositora L'Elefant Blau, un dels caps visibles de la qual era Joan Laporta. Núñez va contractar Cruyff d'entrenador, gràcies al qual van arribar l'anhelada Copa d'Europa, a Wembley, i quatre lligues consecutives. Núñez tenia una oratòria limitada i tics lingüístics força còmics, com les barreges de català i castellà ("llambordines", "això no es pot permitir") i utilitzava curiosos modismes com "quicir" ("quiero decir"). També tenia facilitat per repetir paraules com una metralladora, que els programes d'humor subratllaven amb un pip i es dedicaven a comptar.

Quant a Chiquito de la Calzada (Màlaga, 1932), es tracta d'un *cantaor* de flamenc reconvertit en humorista. L'any 1994 es va popularitzar enormement al programa *Genio y figura*, emès a Antena 3. Quan Chiquito estava en forma era capaç de batre en audiència fins i tot els partits de futbol: el 27 d'octubre de 1994, una emissió recopilatòria dels millors —és una manera de parlar— acudits de l'humorista va superar en 500.000 espectadors el públic del Karlsruhe-Reial Madrid. Els acudits solien ser simples i curts, i Chiquito caminava mentre els explicava tocant-se les lumbars, com si li fessin mal. Tal com el president Núñez, Chiquito inventava paraules, en distorsionava d'altres d'origen culte i estrafeia mots anglesos. Tota aquella recreació del llenguatge ha calat en part la llengua popular castellana i circula avui dia. Es tracta de paraules com "fistro", "pecador", "cobarlde", "condemor"; d'expressions com "no puédor", "diodeno vaginarl", "¡Hasta luego, Lucas!", i d'interjeccions del tipus "¡cómorr?", "¡jarl!", o "¡mámarl!".

L'empelt de Núñez amb Chiquito de la Calzada va donar com a fruit Nuñito de la Calzada al programa *Força Barça!* Va ser l'any 1992 a La 2, en desconnexió per a Catalunya, i des de 1994 fins a 1998 a TV3. El personatge l'encarnava Alfons Arús i era una hipèrbole de Chiquito, que deixava anar els seus "no puédor" a tort i a dret i uns renills de cavall rampant (Chiquito va tornar a posar en circulació la melodia de la sèrie *Bonanza* de Jack Landon mentre cantava "Siete caballos que vienen de Bonanza..."). Però el riure era el de Núñez, parlava amb un marcat accent català i les interjeccions "eh?" eren les del president blaugrana.

El periodista Toni Vall (*Avui*, 14 d'octubre de 2008) explicava la trascendència de Nuñito en un article ple d'agraïments cap a Arús: "Les imitacions no serien el mateix sense aquells gloriosos sòsies de Cruyff, Di Stéfano, Mendoza i, és clar, el gran Núñez / Nuñito de la Calzada, que, no em cansaré de repetir-ho, ha estat un dels personatges més influents per a tota una generació d'espectadors. [...] No voldria exagerar, però, tinc la sensació que professionals com Buenafuente, Sardà i Wyoming, i programes com *Sé lo que hicisteis*, *Minoria absoluta*, *El hormiguero*, *Estas no son las noticias*, *Xq no te callas* i d'altres que ara no se m'acudeixen, tenen part de les seves arrels en aquells ja llunyans *chiquiteos*. I això s'ha de dir."

Després d'aquestes paraules tan ajustades a la realitat, només podem posar punt i final a aquest article entre renills de cavall i un "¡Hasta luego, Lucas!".

100 / 100

CRACKÒVIA

La factoria de Toni Soler, responsable de l'èxit de *Polònia*, un programa d'humor de sàtira política, també és al darrere de *Crackòvia*, un altre producte televisiu que se centra en el món dels esports i que ha tingut un èxit fulgurant. Si *Polònia* és un programa amb molta audiència a casa nostra (va assolir 1.025.000 espectadors de mitjana i el 34,4% de quota el 16 de febrer de 2006), *Crackòvia*, l'any de la seva estrena i gràcies als èxits dels blaugranes, ha anat fins i tot més enllà: la paròdia sobre el Madrid-Barça posterior al 2-6 de 2009 va enfilar-se, a l'últim minut d'emissió, a 1.370.000 espectadors i el 34,7% de quota, segons TNS. No cal dir que el triplet culer ha estat el responsable directe d'aquests resultats espectaculars d'audiència.

Els rostres més coneguts del programa són els humoristes Queco Novell, Carlos Latre, Toni Albà i Sergi Mas. Darrere del guió hi ha un equip de 14 persones, dues de les quals són Toni Soler i Queco Novell, i d'altres són rostres d'actors força coneguts per als seguidors del *Polònia* i del programa radiofònic de RAC1 *Minoria absoluta* (Manel Lucas i Quim Morales).

Un dels encerts del *Crackòvia* va ser atrevir-se a profetitzar que el Barça de Guardiola guanyaria la Copa, la Lliga i la Champions. Els guionistes van posar negre sobre blanc la profecia en forma d'una cançó molt encomanadissa que ja té més de 45.000 descàrregues als mòbils. La peça, casualment, les citava en aquest ordre, l'ordre en què es van assolir. Grans i nens es van aprendre una lletra que s'havia de cantar amb la música del *We will rock you* de Queen, el grup que també va compondre *We are the Champions* i el cantant del qual, el malaguanyat Freddie Mercury, és molt conegut a Catalunya perquè va escriure per a Montserrat Caballé la lletra de "Barcelona", tema interpretat a la cerimònia d'apertura dels Jocs Olímpics del 1992 per Caballé i Josep Carreras en substitució de Mercury, que havia mort l'any abans.

Al vídeo de la cançó culer hi surten els dobles de Puyol, Iniesta, Eto'o, Piqué i Messi, entre d'altres; també Guardiola i Laporta. La lletra fa així: "Copa, Lliga i Champions. / Copa, Lliga i Champions. / Oi, quina passada! / Tres d'una tacada. / Una temporada / per emmarcar. / Títols culers: / un, dos, tres! / Potser no torna a passar mai més. / We, we, we will rock you. / Tengo tres de todo: / Coches, casa y rollo. / Y los tríos se me dan muy bien. / Igual que a mí. / Què és llegir? / Salta a la vista que estoy muy feliz. / Copa, Lliga i Champions. / Sí, Champions! / Copa, Lliga i Champions. / Qui se'n recoda ara / d'Eto'o l'any passat, / dels problemes del president? / Títols culers: / Un, dos, tres! / I el Laporta responde otra vez. / Ha, ha, ha! / Copa, Lliga i Champions. / Copa, Lliga i Champions. / Que no estamos tan mal! / Tot està per fer i tot és possible!" Definitivament, la lletra sense la música no passa de ser una bajanada com un piano, però el vídeo té força gràcia.

Sigui com sigui, es tracta d'un humor per al qual possiblement no tothom està preparat. I és que cal recordar que un precedent del *Polònia* estrenat a tot l'Estat, el *Mire usté* de Soler i el seu equip, es va estavellar a Antena 3 a la tardor de 2005. En canvi, el *Polònia*, que és si fa no fa el mateix però aplicat a l'oasi català, porta més de tres anys i més de cent programes a casa nostra. Pel que fa al seu germà petit, el *Crackòvia*, està cridat a ser un digne successor de l'enyorat *Força Barça!* d'Alfons Arús.